Dá para ser diferente!

Editora Appris Ltda.
1.ª Edição - Copyright© 2024 da autora
Direitos de Edição Reservados à Editora Appris Ltda.

Nenhuma parte desta obra poderá ser utilizada indevidamente, sem estar de acordo com a Lei nº 9.610/98. Se incorreções forem encontradas, serão de exclusiva responsabilidade de seus organizadores. Foi realizado o Depósito Legal na Fundação Biblioteca Nacional, de acordo com as Leis nos 10.994, de 14/12/2004, e 12.192, de 14/01/2010.

Catalogação na Fonte
Elaborado por: Josefina A. S. Guedes
Bibliotecária CRB 9/870

M386d 2024	Martins, Carla Andrea Dá para ser diferente! / Carla Andrea Martins. – 1. ed. – Curitiba: Appris, 2024. 182 p. ; 23 cm. Inclui referências. ISBN 978-65-250-6062-0 1. Humanidade. 2. Conduta. 3. Autorrealização (Psicologia). 3. Motivação (Psicologia). I. Título. II. Série. CDD – 158.1

Editora e Livraria Appris Ltda.
Av. Manoel Ribas, 2265 - Mercês
Curitiba/PR - CEP: 80810-002
Tel. (41) 3156 - 4731
www.editoraappris.com.br

Printed in Brazil
Impresso no Brasil

Carla Martins

Dá para ser diferente!

FICHA TÉCNICA

EDITORIAL	Augusto Coelho
	Sara C. de Andrade Coelho
COMITÊ EDITORIAL	Ana El Achkar (UNIVERSO/RJ)
	Andréa Barbosa Gouveia (UFPR)
	Conrado Moreira Mendes (PUC-MG)
	Eliete Correia dos Santos (UEPB)
	Fabiano Santos (UERJ/IESP)
	Francinete Fernandes de Sousa (UEPB)
	Francisco Carlos Duarte (PUCPR)
	Francisco de Assis (Fiam-Faam, SP, Brasil)
	Jacques de Lima Ferreira (UP)
	Juliana Reichert Assunção Tonelli (UEL)
	Maria Aparecida Barbosa (USP)
	Maria Helena Zamora (PUC-Rio)
	Maria Margarida de Andrade (Umack)
	Marilda Aparecida Behrens (PUCPR)
	Marli Caetano
	Roque Ismael da Costa Güllich (UFFS)
	Toni Reis (UFPR)
	Valdomiro de Oliveira (UFPR)
	Valério Brusamolin (IFPR)
SUPERVISOR DA PRODUÇÃO	Renata Cristina Lopes Miccelli
PRODUÇÃO EDITORIAL	Daniela Nazário
REVISÃO	José A. Ramos Junior
DIAGRAMAÇÃO	Renata Cristina Lopes Miccelli
CAPA	Lívia Weyl
REVISÃO DE PROVA	Jibril Keddeh

Dedico este livro àquele que me revelou o verdadeiro propósito da vida: Deus, cuja presença é eterna ao meu lado.

Aos meus queridos filhos: Lissa, Lívia e Gabriel, seres confiados a mim para que eu compreendesse o significado do amor que transcende a lógica. Por eles, persisti quando a tentação de desistir era forte, ciente de que minha presença era essencial. Como uma lanterna, busquei iluminar o caminho deles, guiando-os na direção certa.

AGRADECIMENTO

Expresso minha gratidão a Deus, fonte inesgotável de sabedoria, que conhece cada passo e intenção do meu coração. Agradeço a mim mesma, por manter a coragem diante de um mundo repleto de insanidades. E, de modo especial, a você, caro leitor, que, como eu, fica surpreso e balança a cabeça diante das estranhezas, realidades amargas, amores superficiais e ostentação exagerada que encontramos. Agradeço, sobretudo, àqueles que compartilham da crença de que é possível ser diferente, mesmo em meio ao caos que assola a humanidade. Juntos podemos trilhar um caminho distinto, desafiando as normas e construindo um futuro mais promissor.

"Ainda que eu falasse as línguas dos homens e dos anjos, e não tivesse amor, seria como o metal que soa ou como o sino que tine. E ainda que tivesse o dom de profecia, e conhecesse todos os mistérios e toda a ciência, e ainda que tivesse toda a fé, de maneira tal que transportasse os montes, e não tivesse amor, nada seria. E ainda que distribuísse toda a minha fortuna para sustento dos pobres, e ainda que entregasse o meu corpo para ser queimado, e não tivesse amor, nada disso me aproveitaria".

1 Coríntios, 13:1-3

Iniciei a jornada de escrever este livro motivada pelo tempo disponível e pelo cansaço de testemunhar os absurdos nas redes sociais. No entanto, foi a partir desses absurdos que encontrei a inspiração necessária para discutir a alarmante falta de 'Bom Senso' que permeia a existência humana neste planeta. Aquilo que vocês encontrarão nestas páginas são verdades óbvias, porém frequentemente esquecidas. Alguns podem tê-las deixado escapar, enquanto outros podem nunca tê-las conhecido; no entanto, é imperativo relembrar. O propósito é trazer o óbvio de volta ao cenário cotidiano, resgatando o "bom senso", pois nesta geração essa expressão saiu de cena drasticamente. E, francamente, há quem não saiba ou nunca tenha ouvido falar de "bom senso".

Digo isso com um tom ligeiramente irritadiço, pois insistem que não existe uma Verdade Absoluta; discordo veementemente. Agir com "bom senso", portanto, é utilizar a razoabilidade para evitar contradições que se entranham nos seres humanos. Peço desculpas por minha insistência, mas é necessário compreender o significado de "bom senso". Não é para ofender ninguém; é apenas um alívio de consciência.

"Bom senso" é um conceito estritamente ligado à sabedoria e à razoabilidade, definindo a capacidade média que uma pessoa possui, ou deveria possuir, de adaptar regras e costumes à realidade, considerando as consequências. É a capacidade de realizar julgamentos e escolhas prudentes. Essa filosofia de vida pressupõe certa capacidade de organização, autocontrole e independência na análise da experiência diária.

Agora, estou mais aliviada! Exposto isso, percebo que tenho razão em minha preocupação. O significado da palavra não con-

APRESENTAÇÃO

diz com o sentimento que paira no ar – o de estarmos vivendo em um mundo invertido, como aqueles de ficção que vemos nos filmes e agora nas séries. A ficção que outrora não passava de mera imaginação torna-se mais real do que nunca.

A mente corrompida e impulsiva dos homens, movida pela arrogância na tentativa de inverter a ordem natural das coisas, nos faz acreditar que nada mais é considerado "normal". E é preciso ressaltar que "o normal saiu de cena e, pelo que parece, tem sido negligenciado".

Isso nos leva a crer que a tal 'inversão' veio para ficar. A expressão "você que lute" é apropriada diante de tantas coisas estranhas, e teremos que escolher a melhor ferramenta para nos proteger. Espero sinceramente que usemos o "bom senso" ao escolher qual ferramenta utilizar em nossa defesa. Engolir silenciosamente tudo o que estamos vendo e ouvindo não condiz com uma existência digna de um ser humano. Recorri à escrita como uma arma para que, pelo menos, alguns leitores possam clarear um pouco as ideias.

Ser diferente é possível! Este livro traz uma proposta de leitura rápida e bem-humorada, abordando a inconsistência humana, a busca de significado e, é claro, comentando postagens estranhas nas redes sociais que, em minha opinião, levaram o ser humano a um estado crítico de existência.

A autora

O livro *Dá para ser diferente!* provoca uma reflexão sobre os dias atuais. Trata-se de uma jornada interna com o objetivo de analisarmos a nós mesmos como seres humanos, uma vez que nos deparamos diariamente com tantas atrocidades. Ele nos ensina como encarar essas situações de forma clara, para que não acabemos enxergando normalidade na anormalidade.

A caoticidade e a toxicidade em que vivemos não podem alterar nossas percepções e valores. Devemos realizar "reformas internas" para que tudo de ruim que absorvemos seja deixado para trás. A urgência de tratar desses assuntos é imprescindível para construirmos uma sociedade com pessoas de boa índole e capazes de serem resilientes, para que não sejam corrompidas pelas situações que testemunham dia após dia.

A autora enfatiza que, diante de todas essas situações que vivenciamos com frequência, devemos adotar uma abordagem diferente e aprender uma lição com cada uma delas, visando nosso crescimento pessoal. Existem inúmeros exemplos disso. Buscar conhecimento e buscar melhorar internamente nos prepara para lidar com essas situações, cuidar de nós mesmos tem um impacto positivo em nossa qualidade de vida, pois viver requer perseverança. Devemos persistir em ser pessoas boas e não nos desencorajarmos de ser corretos, porque nunca saímos perdendo ao agir dessa forma.

Lissa Martins Negri
Profissional Biomédica com especialização em Biomedicina Estética

PREFÁCIOS

O livro carrega consigo narrativas capazes de transformar a perspectiva do leitor em relação à vida. A maneira como enfrentamos os desafios cotidianos revela muito sobre nós, indicando se estamos dispostos a resolvê-los ou se preferimos permanecer na inércia, murmurando e estagnados, sem qualquer transformação. Isso impede nossa evolução como seres humanos e agentes capazes de causar impacto em nossa geração. Já parou para refletir sobre isso? Apesar das inevitáveis difi culdades, a forma como as enfrentamos faz toda a diferença.

Nesse contexto, o livro apresenta uma narrativa que convida à reflexão, estimulando o leitor a reconsiderar suas perspectivas. A habilidosa escrita da autora Carla Martins desperta o desejo de se envolver mais profundamente a cada capítulo. *Dá para ser diferente!* aborda uma variedade de questões, e a autora guia o leitor a uma esfera valiosa de soluções para sua abordagem pessoal.

Lívia Martins Negri

Profissional do Direito especializada em Direitos da Família, e experiência como conciliadora judicial

O livro *Dá para ser diferente!* busca proporcionar uma perspectiva inovadora do mundo, guiando-nos como alguém que apresenta uma visão alternativa para que possamos descobrir o que está velado em nossos pensamentos. Ele nos leva a refletir que, independentemente do nosso estado físico, mental ou emocional, temos a capacidade de ser diferentes. A obra apresenta narrativas vividas por pessoas comuns, incluindo experiências pessoais da autora, e também faz referências a renomados filósofos e escritores, como Aristóteles, Pascal, Nietzsche, Sêneca, entre outros.

A autora utiliza essas histórias para destacar uma nova perspectiva do mundo e de nós mesmos que poderíamos adotar para nos tornarmos pessoas melhores. O livro cativa o leitor ao buscar respostas que vão se formando em nossas mentes, questionando-nos sobre como agir em determinados momentos e como pensar diante de situações críticas.

Gabriel Miguel Martins Korneiczuk

Trabalha na área administrativa, mais especificamente no planejamento e controle da produção de uma empresa especializada em ventilação

SUMÁRIO

CAPÍTULO I
COISAS ESTRANHAS 17

CAPÍTULO II
A VIDA SEM "REPRISES" 53

CAPÍTULO III
GERAÇÃO SEM CRITÉRIO 57

CAPÍTULO IV
O CÉU E O INFERNO DE CADA DIA 63

CAPÍTULO V
VIRE DO AVESSO 71

CAPÍTULO VI
A MENTIRA E SUAS ANDANÇAS 75

CAPÍTULO VII
SENTIMENTOS QUE CLAMAM 80

CAPÍTULO VIII
CONTINUANDO A SAGA DAS COISAS ESTRANHAS 89

CAPÍTULO IX
VIVENDO E SEMPRE APRENDENDO 95

CAPÍTULO X
A FARSA DO SUPERMAN 102

CAPÍTULO XI
UM POUCO DE SABEDORIA NÃO FAZ MAL A NINGUÉM 106

CAPÍTULO XII
O "MAS" DO MAL 110

CAPÍTULO XIII
A MARCHA RÉ DA INTELIGÊNCIA.............................. 112

CAPÍTULO XIV
O SUSTO 119

CAPÍTULO XV
SER: EXIGE CONTINUIDADE 125

CAPÍTULO XVI
DESGASTE POR NÃO SABER DIZER 138

CAPÍTULO XVII
CONSISTÊNCIA.. 145

CAPÍTULO XVIII
AS CAMPAINHAS 150

CAPÍTULO XIX
REALIDADE DESCONHECIDA 157

CAPÍTULO XX
COMENDO PELAS BEIRADAS 166

Capítulo I

COISAS ESTRANHAS

Com o passar do tempo, começamos a nos questionar: qual é o sentido de viver? Para que serve? O que estou fazendo? Perguntas, perguntas e mais perguntas. Algumas pessoas têm tantas dificuldades, já outras têm facilidades de sobra. Respostas que não sabemos onde procurar — ou não aprendemos onde buscar — e algumas que nunca serão respondidas.

E é justamente essas respostas que não encontramos que delimitam as possibilidades humanas, é nesse ponto que nasce em nós a necessidade de expandir nossos limites, transformando a nossa condição de ser e existir para mudar a nós mesmos. Seria como superar nosso próprio recorde utilizando a força que está dentro de nós. O filósofo dinamarquês Kierkegaard[1] chamou essa força de "centelha divina", o próprio DNA de Deus manifestado em nossa alma.

Por isso, sempre teremos a capacidade de superar os obstáculos da vida. Não existe pessoa no mundo que em algum momento da vida não tenha se deparado com a sensação de estar diante de um abismo que o repele e o atrai ao mesmo tempo. Isso é chamado de angústia e desespero; contudo, temos verdades eternas e marcas indeléveis em nossa existência que produzem em nós certeza, esperança e fé.

Quiçá, assim como eu, a campainha da existência já tenha tocado em diversas ocasiões e você necessite atendê-la, pois chegou o momento de realizar uma reflexão sobre si mesmo, e talvez seja a hora de promover alterações em certas questões. Como não somos seres solitários e convivemos em relações humanas, iniciei a transformação tendo as críticas como referência, e não os elogios, pois sei que elas — as críticas — podem nos ensinar valiosas lições.

Assim se inicia o princípio das dores — o da mudança. Como exemplifica Nietzsche em seu livro *Assim falou Zaratustra*[2], alguns não conseguem relaxar suas próprias correntes e, no entanto, conseguem libertar seus amigos. É necessário estar preparado para se consumir na própria chama: como se renovar sem antes se tornar cinzas?

Amigo Zaratustra, é complicado de se pedir, que tal aceitar as coisas como estão? A mudança causa desconforto, demanda demasiada reflexão; melhor guardar tudo dentro de um "saco" o que me atormenta; amará-lo bem e jogá-lo no quarto escuro do inconsciente. Assim, o amigo cérebro permanece inerte no estado de "stand by", no modo espera eterna.

No final das contas, existe uma enorme diferença entre querer mudanças e efetivamente realizá-las. É como olhar para o Grand Canyon[3] sem compreender o poder de erosão do rio Colorado. Portanto, é fundamental que nos comprometamos apaixonadamente com nós mesmos.

No entanto, sabemos que os problemas não acabam e, muitas vezes, a frase "Quanto mais eu rezo, mais assombração aparece" sai de nossos lábios. Essa frase se repete quando não encontramos respostas para situações inusitadas, aquelas que surgem do nada e precisamos resolver de alguma forma. É nesse momento que a campainha toca e nos lembra que é hora de mudar. Não podemos mais fingir que nada está acontecendo e acreditar que tudo vai ficar bem.

O problema se torna ainda mais sério quando nos deparamos com explicações superficiais que tentam nos fazer entender e nos adaptar a um mundo repleto de acontecimentos estranhos. Qualquer significado serve, desde que nos iluda de alguma forma e amenize a angústia da nossa existência.

Desde que o homem passou a querer encontrar sentido em sua vida apenas na satisfação dos desejos, no consumo, na compra — tendo a ilusão de que são sinônimos de felicidade, que a satisfação dos desejos traria sentido a sua existência —, a coisa degringolou.

Sabe aquela fala induzida por uma mente carregada de intenso materialismo que usamos quando estamos tristes e insatisfeitos: "preciso fazer compras"? Ah, quantas vezes agi assim, tendo a sensação de que traria algum tipo de alívio para minha alma, que na realidade era mais um objeto adquirido para mostrar.

Finalmente, chega-se à conclusão que não sabemos lidar com a incerteza, a insegurança, a angústia, a ansiedade — então, a bagunça contemporânea se instala. Com isso, a bagunça vira um conglomerado de habitantes no mundo que se tornaram angustiados, ansiosos, bipolares e outros totalmente desequilibrados.

Nos tornamos o que ouvimos, interpretamos, e acreditamos ser realidade. Mas nem sempre a nossa realidade será aquela que desejamos viver. Por isso, nos associamos à incoerência, à inconstância, e geralmente nossa razão é perturbada pela imaginação.

Já dizia Sêneca[4]: "Sofremos mais em nossa imaginação do que na realidade". Somos tão frágeis que antecipamos o sofrimento daquilo que ainda não foi experienciado, vivido, mas o angustiar-se faz parte da existência humana, claro que dentro dos limites.

A busca pelo sentido da vida e pelas respostas continua incessante, como uma corrida que parece não ter fim. Desde os primórdios da civilização, o ser humano vem tentando explicar essa complexidade. Alguns compreenderam a simplicidade de viver, já outros procuraram problemas desnecessários, como sarna para se coçar.

Portanto, nossa condição atual como seres vivos neste planeta chamado Terra é constantemente desafiada até a exaustão. Temos que ser melhores do que podemos ser ou transmitir essa impressão aos outros de que somos bons. Somos compelidos a dominar o conhecimento, a tecnologia, as ciências e, ainda assim, insatisfeitos, seguimos com um vazio no peito que tentamos preencher com quaisquer coisas passageiras.

Já refletiram sobre o fato de que é o tempo que nos submete à sua ação, e não nós que submetemos o tempo ao nosso poder? Aristóteles[5] define o tempo na Física como "o número do movimento do antes e do depois". Na verdade, o presente é a única dádiva que temos, pois o passado já não existe mais, o futuro a Deus pertence. O tempo mais importante é o agora.

O velho passado não permite mudanças, já foi experimentado — como algo que já existiu e não existe mais. Apenas a memória do que já foi poderá retornar como exemplo de acertos e erros e permitirá que prossigamos adiante. O futuro ainda não é. E a garantia de um futuro próspero depende das ações que são realizadas no presente. O que está se construindo: o que planto, o que semeio e o que colherei. Para ser bem franca, tenho medo dessa tal lei da vida, pois sei que ela nunca falha, pude experimentar alguns sabores amargos que ela traz.

É no presente que todas as ações acontecem, quando podemos mudar nossa postura, atitudes e decisões; se projeta e se planeje para construir um futuro que ainda não existe. Sendo assim, a decisão é nossa sobre o que fazer com o tempo que nos é dado. Imaginamos que temos todo o tempo do mundo, mas nos enganamos, nosso tempo aqui é muito curto, como disse Mario Quintana[6]: "Não faça da sua vida um rascunho, poderás não ter tempo de passá-la a limpo".

Isso é muito sério, já vi pessoas querendo fazer tudo de maneira diferente quando já não havia mais tempo. Então, vamos lembrar do que é óbvio e que nunca deveria ser esquecido; porém, parece que temos uma certa amnésia persistente. O *Manual do tempo*[7] nos ensina o seguinte:

"Para compreender o valor de um ano: pergunte a um estudante que não foi aprovado nos exames finais;

Para compreender o valor de um mês: pergunte a uma mãe cujo bebê nasceu prematuramente;

Para compreender o valor de uma semana: pergunte a um editor de uma revista semanal;

Para compreender o valor de uma hora: pergunte a dois amantes que esperam ansiosos para se encontrarem;

Para compreender o valor de um minuto: pergunte a alguém que perdeu o ônibus;

Para compreender o valor de um segundo: pergunte a alguém que conseguiu sobreviver a um acidente;

E para compreender o valor de um milésimo de segundo: pergunte a alguém que ganhou a medalha de prata nas Olimpíadas".

Nós vivemos aprisionados no passado e no futuro inexplicavelmente, mas, de alguma forma, persistimos nisso; e o presente, solitário e eterno, se confunde com sentimentos que se enfrentam em fúria. Vivemos no passado e no futuro em uma união; no passado, entre nostalgia e sofrimento, no futuro, apreensivos com o desconhecido e ansiosos por não saber o que será. E, no final, não vivemos de fato.

Passado, presente ou futuro, temos a liberdade de escolher: em qual tempo queremos viver? Tenho tentado viver ao máximo no presente, da melhor maneira possível e, é claro, sempre atenta à tal lei da vida: "Aquilo que é semeado será colhido".

Para que possamos compreender a importância do tempo, lembrei-me do livro *Cartas de um diabo ao seu aprendiz*, considerado um dos livros mais populares de C.S. Lewis[8], em que o secretário infernal, chamado "Fitafuso", envia cartas ao seu sobrinho subordinado, "aprendiz tentador", ensinando-lhe a arte de conquistar almas humanas. Em uma das cartas, ele instrui o sobrinho sobre como agir nas emoções humanas usando o fator tempo. Deus nas cartas é retratado por eles como "Inimigo".

> Querido Vermebile,
>
> Evidentemente, eu já tinha percebido que os humanos estão passando por um momento de calmaria em sua guerra europeia - que eles ingenuamente chamam de

"A Guerra"! -, e não fico nem um pouco surpreso que o mesmo ocorra com os anseios do seu paciente. Devemos encorajar a situação ou mantê-lo preocupado? O medo apavorante e o excesso de confiança absurdo são ambos estados de espírito desejáveis. A escolha traz à tona questões relevantes.

Os humanos vivem no tempo, mas o nosso Inimigo (Deus) destinou-lhes à eternidade. Acredito, portanto, que Ele quer que se preocupem basicamente com duas coisas: a eternidade em si e aquele ponto do tempo que eles chamam de Presente. Pois o Presente é o ponto no qual o tempo toca a eternidade. Apenas com o momento presente os humanos têm uma experiência análoga àquela que o nosso Inimigo tem da realidade como um todo; somente nele eles possuem a liberdade e a realidade. Assim, Ele os deixa constantemente preocupados ou com a eternidade (o que significa preocupar-se com Ele) ou com o Presente - quer meditando sobre a eterna união com Ele, ou separação d'Ele, quer obedecendo à atual voz da consciência, carregando a cruz atual, recebendo a graça atual e dando graças pelo prazer atual.

Nossa meta é afastá-los do eterno e do Presente. Tendo isso em mente, às vezes tentamos um humano a viver no Passado (uma viúva ou um pesquisador, por exemplo). Mas isso tem um valor limitado, pois eles possuem algum conhecimento real do passado e o passado tem uma natureza definida e, desse modo, assemelha-se à eternidade. É bem melhor fazê-los viver no Futuro.

As necessidades biológicas já fazem com que todas as suas paixões apontem nessa direção, de modo que o pensamento sobre o Futuro sempre instiga a esperança e o medo. Eles também desconhecem o fato;

então, ao fazê-los pensar sobre o Futuro, nós estamos fazendo com que eles pensem em coisas irreais. Em uma palavra, o Futuro é, de todas as coisas, aquela que menos se assemelha à eternidade. É a parte mais totalmente temporal do tempo - pois o Passado está congelado, não flui mais, e o Presente está eternamente iluminado. É por isso que damos o nosso apoio a maquinações racionais como a Evolução Criativa, o Humanismo Científico ou o Comunismo, os quais fazem com que os homens se apeguem ao Futuro, ao próprio âmago da temporalidade. Desse modo, todas as falhas humanas têm suas raízes no futuro. A gratidão tem os olhos no passado e o amor no presente; o medo, a avareza, a luxúria e a ambição têm os olhos no futuro. Não pense que a luxúria é exceção. Quando se obtém o prazer no presente, o pecado (que é a única coisa que nos interessa) já cessou. O prazer é apenas parte do processo que lamentamos e que eliminaríamos se pudéssemos, sem com isso eliminar o pecado; é a contribuição do Inimigo, e é, portanto, experimentada no Presente. O pecado, que é a nossa contribuição, tinha os olhos no futuro.

Obviamente, o Inimigo (Deus) deseja que os homens pensem também no Futuro - apenas o suficiente para planejar agora os atos de justiça ou caridade que provavelmente farão parte das tarefas do dia de amanhã. A tarefa de planejar as tarefas do dia seguinte é tarefa do dia, de hoje; embora peça emprestada do futuro a sua essência, o dever, como todos os deveres, está no Presente. Mas isso já é entrar em detalhes irrelevantes. Ele não quer que os homens ofereçam suas almas ao Futuro, que depositem tudo o que têm de valioso nele. Mas nós queremos.

O Seu ideal é o homem que, depois de ter trabalhado o dia inteiro pensando na posteridade (se essa for a sua vocação), logo depois esquece completamente o assunto e o deixa aos encargos do Céu, retornando imediatamente ao estado de paciência e gratidão que o presente exige. Nós, no entanto, queremos um homem atormentado pelo Futuro - assombrado por visões de um céu ou de um inferno iminentes sobre a Terra (e pronto a desobedecer às ordens do Inimigo no presente, se ao fazê-lo ele acreditar que poderá obter o céu ou evitar o inferno) - e dependente por sua fé no sucesso ou no fracasso de planos cujo objetivo ele não viverá o suficiente para presenciar. Queremos uma raça inteira de seres perpetuamente em busca do fim do arco-íris, jamais honestos, jamais gentis, jamais felizes agora, e sempre usando toda dádiva verdadeira que lhes é concedida no Presente como mero combustível para poderem encher de dádivas o altar do futuro.

Daí se segue que, se tudo sair como o planejado, em geral será melhor deixar o seu paciente sempre num estado de ansiedade ou esperança (não importa muito qual dos dois) em relação a essa guerra do que deixá-lo viver o presente. Mas a frase "viver o presente" é ambígua. Ela pode descrever um processo que na verdade está tão relacionado com o Futuro quanto a própria ansiedade. O seu paciente talvez não se preocupe com o Futuro - não porque ele se preocupa com o Presente, mas porque se convenceu de que o Futuro será aceitável. Enquanto essa for a verdadeira causa da sua tranquilidade, ela nos será de grande proveito por fazê-lo acumular somente decepções (e, portanto, causar mais impaciência) quando suas falsas esperanças não forem atendidas.

Se, por outro lado, ele estiver consciente dos horrores que o futuro pode lhe reservar e estiver rezando para obter as virtudes com que poderá enfrentá-los, e ao mesmo tempo estiver preocupado com o Presente apenas porque nele estão todo o dever, toda a graça, todo o conhecimento e todo o prazer, seu estado de espírito não nos valerá de nada e deverá ser atacado imediatamente. Aqui, mais uma vez, nosso Departamento de Filologia fez um excelente trabalho; tente usar a palavra "complacência" com ele. Mas, é claro, é mais provável que ele esteja "vivendo no Presente" devido a alguma outra razão, simplesmente porque tem boa saúde ou porque gosta do seu emprego.

O fenômeno então seria apenas natural. Ainda assim, eu daria um jeito de acabar com ele, se fosse você. Nenhum fenômeno natural está realmente a nosso favor. E, afinal de contas, por que a criatura deveria ser feliz? Afetuosamente, seu tio, FITAFUSO.

Então, aparentemente, temos um tal de "Fitafuso" e seus aprendizes que estão ajudando os humanos que aos poucos estão sendo convencidos com a filosofia do inferno. Agora já sei por que é tão difícil manter pensamentos positivos e por que somos tão inclinados a pensamentos negativos. Carregamos o passado nas costas e ainda permitimos que seus algozes nos dominem e zombem de nossas mentes. Com isso, perdemos o presente com traumas, inseguranças, melancolia, preocupações e ansiedades, pior ainda, deixamos de nos amar e não permitimos ser amados.

Não seria mais fácil termos atitudes positivas diante de situações esperadas e inesperadas? Não seria mais fácil decidir cortar o que nos prejudica? Não! Preferimos criar o caos. Incrivelmente, não fomos preparados emocionalmente para ficarmos calmos nas horas de tensão; fomos preparados para revidar todos os ataques. As habilidades ensinadas foram outras — longe de termos domínio no campo emocional, e geralmente quando somos perturbados o que sai são: palavrões, socos, pedradas, facadas, tiros, etc.

Tenho a leve suspeita de que aprendemos tudo de forma oposta ao que deveríamos aprender. Um exemplo disso foi o da mulher que, após ser chamada de "velha e gorda" pelo marido, o asfixiou até a morte. É uma situação tão absurda que chega a ser cômica, pois é surreal o que está acontecendo.

Outro caso ocorreu na terra do Tio Sam. Em uma lanchonete em Atlanta, EUA, um homem matou a garçonete e feriu sua amiga porque reclamou que o sanduíche que estava comendo tinha muita maionese. Para piorar, o filho de cinco anos da mulher assassinada presenciou toda a cena.

Nos últimos tempos, têm ocorrido bizarrices inacreditáveis na terra do Tio Sam. O reconhecimento como a maior potência do mundo custou a sanidade mental de muitas pessoas. Acredite, as crianças são as que mais sofrem com isso. Elas são subjugadas pela produção em massa da desumanização do ser humano.

É necessário adquirir novos hábitos de resposta:

"Não preciso adotar as opiniões de pessoas que me criticam injustamente."

"Não preciso agir da mesma maneira daqueles que me tiraram a paz."

"Posso responder com gentileza em qualquer circunstância."

"Me amar e manter a minha paz é me respeitar para poder respeitar."

Se formos revidar a toda injustiça sofrida, melhor mudarmos de planeta. Porque neste planeta somos afrontados, injustiçados, caluniados, odiados, mas, mesmo assim, dá para ser diferente.

Olha a dica de uma das grandes frases Khalil Gibran[9]: "E disse o Divino: "Ame seu inimigo!". Eu obedeci, amei a mim mesmo".

Por vezes, olhei para o meu interior e desejei agir como uma avestruz: enfiar a cabeça em um buraco e nunca mais sair dele. Tudo estava errado; tudo estava desequilibrado; eu já não sabia quem era, pois passei anos me submetendo aos desejos de pessoas que estavam completamente equivocadas em discernir o verdadeiro motivo da felicidade. Deixei escapar sentimentos essenciais para minha vida. Encontrava força para lutar por tudo e por todos, mas não tinha forças para lutar por mim mesma. Esta era a distração que desviava minha atenção das coisas que realmente importavam: estar bem comigo mesma para estar em harmonia com os outros.

Chega um momento em que você não sabe qual papel deseja desempenhar na vida. Precisei parar e compreender que meus inimigos estavam dentro de mim e não fora. Utilizava a poderosa arma da crítica para esconder meus próprios defeitos e, com isso, não conseguia desarmar o inimigo nem enxergar a mim mesma. Trouxe de volta sentimentos perdidos e reorganizei a casa interna e também a casa externa: a família. Só assim, consegui vencer todos os demônios que rondavam a minha mente. Fitafuso nesse momento estava liderando o jogo.

De tempos em tempos, sempre escuto alguém dizer: "Os animais é que são felizes, não precisam se preocupar com nada". É, de fato, para quem pensa, as coisas estão complicadas. De acordo com a psicanálise, há uma incompletude essencial no ser humano, o que o leva a desejar. Já os animais nascem completos, prontos; não têm dúvidas, só certezas; não desejam, apenas sentem necessidades. Assim, uma vez que essas necessidades são supridas, eles sempre estarão bem. E nós continuamos desejando e desejando.

Falando em animais, vocês já pararam para se perguntar por que as pessoas estão preferindo se relacionar mais com os animais a com os seres humanos? Eu já. Há algum tempo isso me perturbou, mas agora até concordo. Animais não falam e isso é bom, eles não irão dizer o que pensam de nós nem questionar nossas falácias existenciais.

Bingo! É isso. Alguém para amar sem nos perturbar. Tudo que vai contra o que está impregnado em nós nos causa repulsa, preferimos continuar com o errado a corrigir: dá trabalho demais.

Tenha em mente: o cérebro aprecia permanecer em "stand by" sem gastar energia, do jeito que está, está aceitável. O que mencionei anteriormente sobre concordar que as pessoas estão preferindo se relacionar mais com animais a com seres humanos deve-se às motivações que estão gerando energia para alguns. Viver como se não houvesse amanhã. É tudo agora ou não será mais.

E nada mais é previsível, as coisas mudam a todo instante, o raciocínio se converteu em uma planilha existencial preenchida apenas com números e desejos realizados e não realizados, pois a soma do que se possui e os desejos é o significado errôneo do propósito de viver. E a existência humana se desvaloriza com essa percepção. Sejamos sinceros: não se conseguirá ir muito longe apenas com isso. Nós temos uma escolha: viver ou apenas existir.

Então, antes de tudo, eu quero viver, a ação de dentro para fora. Caso contrário, seria melhor não existir.

Uma militância frenética enraizou-se no cerne da alma humana em "Ter e Ser". Esse "Ser" posso mudar para "Aparecer", que é o que importa, e seja o que Deus quiser.

Nossa, espera aí. Eu coloquei Deus em maiúsculo, mas poderia ser em minúsculo, porque seria um deus qualquer que fizesse algo rápido e que não nos decepcionasse. E claro, também vale vender a alma para o diabo, cujo negócio bem-sucedido já tem alcançado várias almas.

Assim como Fausto na obra de Goethe[10], de forma simplificada, ele queria ser conhecedor de todos os mistérios do universo e achava que poderia saber muito mais do que já sabia. Então, ele fez um pacto com o anjo das trevas, o terrível Mefistófeles.

A partir daí, Fausto não se preocupou em salvar sua alma imortal, mas sim contribuir e confiar apenas no sucesso da vida terrena. Desprendendo-se de todos os valores tradicionais, ele se junta ao diabo, alienando sua liberdade ao passo que acredita afirmá-la. Ele sai em busca de experiências em troca de conhecimento por servidão, vida eterna por submissão, amor por rendição.

A dúvida, o desespero, as inquietudes, a rebeldia e a própria personificação da angústia da alma humana representam nossa geração. Como Fausto, os desejos estão acima de tudo, e para serem alcançados não importa o sacrifício: custe o que custar.

Resultados rápidos é o negócio.

Há alguns dias, deparei-me com uma publicação nas redes sociais que me deixou desconfortável e surpreendida com a coragem da jovem. Em meio a lágrimas, ela compartilhava com o mundo o fim do seu relacionamento, que até então era retratado como um conto de fadas. O príncipe havia traído sua confiança.

Sem hesitar, ela recorreu às redes — seu refúgio de "apoio e conforto". Ela dizia que o perdoaria, mas não o deixaria partir. "Fiquei chocada além da medida", refleti. Será que ela realmente acreditava que ele era sua alma gêmea? Talvez ela tenha levado ao pé da letra a mitologia grega, que narra que os seres humanos foram originalmente criados com quatro braços, quatro pernas e uma cabeça com duas faces, e Zeus[11], temendo o seu poder, os dividiu em dois seres separados, destinados a passarem suas vidas em busca da outra metade.

Bom, não duvido mais da capacidade humana, pois coisas estranhas surgem a todo instante, competindo com a velocidade da luz. Há coisas que são apenas nossas e precisam ser avaliadas por nós mesmos e por ninguém mais. Só acho...

No entanto, qual seria a necessidade de alguém se expor de tal maneira? Acabei por expressar em voz alta o que estava pensando: "Minha querida, afaste-se dessa situação complicada". Se o suposto príncipe encantado agiu assim hoje, fará o mesmo amanhã, depois de amanhã, ..., ... (gostaria de adicionar pelo menos algumas páginas de reticências).

Todavia, entendi o ponto de vista dela: era conveniente que todos viessem consolá-la, ao menos amenizando sua dor e conquistando alguns likes, afinal, é o que importa. E como os usuários de redes sociais não poupam palavras, o príncipe foi criticado ferozmente. Acredito que ela tenha se sentido um pouco melhor com isso.

Essas coisas me deixam confusa, fazendo-me sentir como se estivesse à margem da atual existência humana. Por que tudo agora precisa ser explicado nas redes sociais? E quanto mais pessoas souberem sobre sua intimidade, melhor? É claro que compartilhar notícias importantes para a humanidade é, indiscutivelmente, de suma importância, e sabemos que tem ajudado muito. Agora, postar bizarrices, como alguém fazendo uma tatuagem no ânus e achar isso normal, chega a ser demais, né, pessoal?! O pessoal tem extrapolado em gênero, número e grau. E ainda ouço a mesma pessoa da tatuagem no "ânus" dizer que a rede social está demasiadamente brega.

Oxiii!

O que cabe aqui são as gírias do vocabulário amazônico:

Olha já, então. Tu é lesa, é? Vai para a Baixa da égua.

Fico imaginando esse povo sem internet, um blecaute nas redes sem previsão de retorno. Nossa, o sistema límbico de muitos entraria em pane. Seria como um avião em pleno voo sem rumo, sem ter onde aterrissar e com o combustível acabando. Sei que muitos respiraram fundo agora: "até eu fiz isso!"

A frase que não sai da nossa boca ultimamente é "Está difícil". Nunca na vida ouvi tanto essa frase. O que paira sobre nós é tão concreto e pesado que evitar a realidade tem sido a solução para muitos, inclusive alguns têm se adaptado ao mundo paralelo de maneira notável sem medo de serem felizes.

Dia desses, conversando com uma jovem, cheguei a me sentir extremamente antiquada. Olha que nem gosto de usar esse termo para descrever a mim mesma, mas usei. Falávamos sobre como se divertir, festas, baladas — termos que a garotada usa atualmente. O ponto em que discordamos foi ela sentir a necessidade de consumir, durante a balada, a tal "balinha", uma droga com base em anfetamina.

Está claro que a jovem, convicta de suas razões, argumentou: "Eu mereço esses momentos intensos porque estou sempre focada no trabalho e nos estudos". Meus olhos arregalados falaram involuntariamente: "O quê?".

Gostaria de escrever umas dez páginas de "eita" atrás de "eita". Só para dizer que também tenho direito aos "eitas". Não compreendo a trajetória que os seres humanos têm seguido em suas vidas.

E para que se aprofundar no autoconhecimento? Se conhecer melhor gera desconforto emocional e a capacidade de decifrar o certo do errado foi negligenciada. Sim, está complicado. E vou parafrasear aquela bela frase: assim segue a humanidade.

A maldade amplificada nas "balinhas". Estou me referindo às mortes de muitos jovens causadas por substâncias que contêm uma quantidade letal de opioides, o fentanil, que é cem vezes mais potente do que a morfina e está sendo usado como droga. Vou ser mais específica: a pessoa que fabrica tal droga, por não suportar estar no seu "pior" sozinha, ela acrescenta doses altas de fentanil, com isso, consegue seu objetivo: deixar milhares de pessoas na "pior" como ela.

Tipo assim: "Se eu não estiver bem, ninguém vai ficar também".

Poderíamos chamar isso de um excesso de egocentrismo, pessoas sendo criadas sem limites, abandonadas em frente a uma tela para se distraírem e evitar incomodar, sem orientação, sem leitura de expressões faciais, pois interagem pouco com os outros, tornando-se letárgicas em relação às responsabilidades e adultos infantilizados.

No entanto, a ilusão fabricada começa dentro de casa, onde os pais se fazem passar por super-heróis, embora saibamos que tais seres não existam. Por quererem a admiração dos filhos e não terem tempo para confrontá-los, deixam as coisas acontecerem. E a fatura chega quando os filhos descobrem que o super-herói está cheio de defeitos e fragilidades — e eles vão querer respostas. Respostas para as quais muitos pais não estão preparados para dar. Com isso, os filhos encontrarão respostas por si mesmos nas várias possibilidades oferecidas pela internet. E, entre nós, essas possibilidades têm "educado" e ceifado a vida de muitos jovens.

Não há problema em cometer erros, ter defeitos, ser frágil, não saber todas as respostas, desde que possa ser falado, compreendido, superado da melhor maneira possível. Afinal, ninguém é perfeito. Estamos em um processo contínuo de aprendizado. Perfeito, só conheço um: "Jesus, que deu duro para trazer compreensão ao entendimento do povo, e mesmo assim, poucos entenderam".

Uma frase que eu sempre lembro é de Viktor Frankl[12]: "Somos responsáveis por nossa existência". Responsáveis por nossa própria vida e pela vida daqueles que trazemos ao mundo. Minha opinião é a seguinte: se você não tem as condições necessárias para oferecer cuidado e um ambiente adequado para que a criança possa desenvolver recursos emocionais em cada etapa de sua vida, então não a tenha. É simples assim.

Às vezes me deparo com perguntas do tipo: "Estou muito chateada porque minha filha de dois anos está chamando a babá de mãe, não consigo entender isso". A resposta ideal seria a que a minha amiga daria: "Me economiza, querida, se você não entende o que está acontecendo, é melhor 'morrer'".

Pais que não amadurecem e não se comprometem em lidar com seus filhos. Pais que não conseguem dizer "não" aos filhos por medo de serem odiados, afinal, ser odiado é desagradável. Pais que fazem tudo o que os filhos querem para evitar confronto, pois também é incômodo.

Recentemente, li uma matéria sobre vinte e três jovens na Argentina que morreram por consumo de cocaína envenenada. A droga adulterada provocou paradas respiratórias ou cardíacas extremamente violentas, provavelmente atacando o sistema nervoso central. Ao menos cento e quatorze pessoas foram internadas. Pílulas falsificadas e contaminadas com fentanil que adolescentes e jovens compram pelas redes sociais.

Deixar a realidade para trás, que às vezes é cruel, e suavizar a tensão no mundo da fantasia é a estratégia adotada por aqueles que não foram preparados para lidar com os desafios diários da vida. Criar filhos requer clareza, limites, diálogo e acompanhamento constante.

Sempre procuramos recursos externos quando as coisas estão confusas por dentro, pois, muitas vezes, não questionamos, instigamos ou confrontamos o nosso lado interno. No entanto, em certos casos, é possível evitar que as coisas aconteçam quando o valor da vida significa mais do que viver na miséria da aparência, buscando dar sentido ao que temos.

A desvalorização humana está em ascensão e as pessoas são descartadas como um papel amassado jogado no lixo. Vi uma postagem sobre um garoto que praticava bullying na escola e os pais fizeram com que ele segurasse uma placa no semáforo com a frase: "Eu sou um valentão. Buzine se você odeia quem pratica bullying (assédio moral)". O garoto ficou parado por algum tempo no semáforo segurando a placa em suas mãos e passou pela experiência de ser constrangido por algumas buzinas.

Os pais nesse momento não o abandonaram, estavam bem ali, sentados, observando tudo, como dizendo: "Filho, você errou com sua atitude, mas estamos com você para ajudá-lo a arrumar essa bagunça". Alguns críticos questionaram a postura dos pais, porém a maioria deu respostas favoráveis.

Quem não está cansado de ver pessoas transformadas em "monstrinhos" e deprimidas na internet? São essas bobagens de pessoas que criticam, talvez nem tenham filhos, nunca tenham experimentado a dor do outro e começam a palpitar. Isso não pode, aquilo não pode, por isso, por aquilo. Há situações em que medidas mais rigorosas são necessárias para ajudar um filho a se recuperar, assim evitando trazer sofrimento tanto para si quanto para a vida alheia.

Resumindo, há medidas inteligentes e sem uso de violência. Achei admirável a atitude dos pais, pelo menos eles cortaram o problema desde a raiz e duvido que o filho não tenha aprendido a lição. Isso se chama responsabilidade emocional em relação à vida do outro. A atitude dos pais impediu que, no futuro, o filho se tornasse um agressor. Quantos pais poderiam ter evitado que seus filhos se tornassem ladrões simplesmente pelo fato de quando crianças terem pegado algo que não lhes pertencia?

O mal cresce dentro de nós de forma silenciosa e vai se alastrando com muita paciência, até atingir seu objetivo.

Existem coisas estranhas que são abundantes nas redes sociais. Vamos com uma declaração de um desses jovens cantores que é assim identificado pela mídia. Ele disse: "Desisti de fumar maconha todos os dias para me dedicar à leitura, algo que não tem sido fácil".

Veja que progresso desse indivíduo. Acredito que seu esforço tenha resultado em muitas noites sem dormir. Afinal, a leitura é o grande desafio a ser enfrentado nos dias de hoje. Mas vamos ser otimistas, pelo menos o jovem cantor teve uma atitude.

"Atitude", essa palavra perigosa nos dias de hoje. Basicamente, ela significa a concretização de uma intenção ou propósito. De acordo com a sociologia, a atitude é um sistema de valores e crenças que se desenvolvem a partir de estímulos que o indivíduo ou grupo recebe ao longo do tempo.

Bom, espero que vocês tenham compreendido onde quero chegar. Estímulos positivos, atitudes positivas; estímulos negativos, atitudes negativas. Quais são os estímulos que recebemos em nosso dia a dia? O que somos capazes de fazer como seres criativos dotados de razão?

Se fosse verdadeiramente eficiente, não nos depararíamos diariamente com notícias alarmantes provenientes da sagacidade humana. A habilidade refinada de audácia que o ser humano alcançou ao buscar poder e autoafirmação. A ambiguidade sempre acompanha a humanidade. O poeta Augusto dos Anjos[13] nos traz uma reflexão pertinente: "A mão que afaga é a mesma que apedreja". Isto é, somos capazes tanto de construir quanto de destruir. A mesma ciência que encontra curas para doenças é a responsável pela produção de armas e artefatos de destruição em massa. Em outras palavras, precisamos decidir. Queremos ser bons, maus ou ambos? Pelo menos assim saberíamos com quem estamos lidando.

A ousadia chega a tal ponto que até mesmo o significado das palavras está sendo alterado conforme a conveniência. Define-se um significado que se encaixe a qualquer custo no que é conveniente ou, ainda, no que traz mais curtidas. Isso é desvalorizante: pessoas estão se tornando mestres sem ter as qualificações necessárias, simplesmente por compartilharem bizarrices e se tornarem famosas.

Agora você tem a autonomia para se tornar um mestre. Mestre das reboladas, mestre das contradições, mestre das traições, mestre do infortúnio alheio, entre outros, e quanto mais palhaçada, mais o circo se torna divertido.

Como compreender o ser humano? Se é pobre, sofre por ser pobre; se fica rico, encontra algo pelo qual sofrer. Ouvi o relato de um certo comediante que era pobre e batalhou muito para conseguir seu lugar, e conseguiu, mas de repente declara que interromperia a carreira porque se sentia deprimido. Isso me deixou confusa. Não sei se o indivíduo quer voltar a ser pobre, pois pelo menos não tinha depressão, ou se só quer ser rico sem ser comediante. Está complicado. Não me interpretem mal em relação à depressão, respeito muito esse ponto, e sei muito bem o que isso significa, mas o foco aqui está na inconsistência humana.

O *insight* do momento me remete à Jane Austen[14]: "Quanto melhor conheço o mundo, menos ele me satisfaz; e cada dia vejo confirmada a minha crença na inconsistência do caráter humano e na pouca confiança que se pode depositar nas aparências do mérito ou do bom senso".

Incoerência resultante do desejo material sem propósito, fortunas sendo construídas sem razão e significado. A busca incessante pelo poder, pela honra. Isso afasta o ser humano de seu mundo. Ele não vive a vida, perde a oportunidade de apreciar os pequenos detalhes que fazem toda a diferença diante da grandiosidade desumanizada que criou para si mesmo.

Você já se questionou por que um homem, simplesmente um ser humano, precisa de tanto dinheiro? Será que ele acredita que, ao adquirir fortuna, se tornará poderoso e respeitado? Coitado, mal sabe ele que poderá estar morto amanhã mesmo.

Volto para minha retórica e me pergunto: se fosse uma mulher muito rica, será que dividiria essa riqueza com as pessoas necessitadas? E se todos os ricos do mundo compartilhassem suas riquezas, proporcionando melhores condições para essas pessoas, não teríamos um mundo melhor? Será que as notícias que lemos e as imagens que vemos de pessoas raquíticas e chorando de fome só servem para nos confortar e utilizar como exemplo? Eu vejo essa como uma excelente oportunidade para crescermos como seres humanos e compartilharmos o que temos.

Volto à minha reflexão e questiono a mim mesma: Se eu fosse uma mulher incrivelmente rica, será que teria a generosidade de compartilhar essa riqueza com aqueles que estão em extrema necessidade? E, imaginando além, se todos os indivíduos abastados deste mundo decidissem partilhar suas riquezas, proporcionando condições melhores para aqueles que lutam pela sobrevivência, não estaríamos construindo um mundo mais justo e compassivo? Será que as notícias que lemos e as imagens impactantes de pessoas magras e famintas só servem para nos proporcionar um momento de reflexão e compaixão, ou deveriam inspirar uma ação mais significativa? Vejo essa situação como uma oportunidade extraordinária para o crescimento humano, uma chance de compartilhar o que temos em prol do bem comum.

Uma das imagens que deixou uma marca indelével em mim é a fotografia capturada por Kevin Carter[15], um renomado fotojornalista agraciado com o Prêmio Pulitzer em 1993. Durante sua jornada no Sudão, um país assolado por uma prolongada guerra civil, ele testemunhou uma cena de desespero humano que ficaria eternizada. A imagem retrata uma criança desnutrida e frágil, caída ao chão, enquanto um abutre espreita nas proximidades, aguardando o trágico desfecho. O registro visual não apenas captura a brutal realidade do sofrimento humano, mas também serve como um lembrete impactante de nossa responsabilidade coletiva em face de tamanha adversidade.

Essa imagem, entre muitas outras, deveria nos incitar à ação e à reflexão sobre o papel que desempenhamos na construção de um mundo mais solidário. Ao confrontar essas cenas de desespero, somos desafiados a não apenas sentir compaixão, mas a agir de maneira significativa para aliviar o sofrimento dos menos afortunados. O exemplo de Kevin Carter nos lembra da importância de utilizar os recursos que possuímos para criar mudanças positivas e, assim, contribuir para um futuro no qual a miséria e a fome não sejam mais imagens recorrentes, mas, sim, vestígios de um passado que decidimos superar coletivamente.

Aprecio bastante as postagens das pessoas da área de psicologia, que nos fazem refletir. Li uma que dizia: "Se lhe dessem uma caixa com tudo o que você perdeu na vida, o que seria a primeira coisa que procuraria?"

Ao ler os comentários, adivinhem só?

- "Quero minha saúde mental de volta."
- "Quero me sentir acolhido pela minha família."
- "Quero recuperar o tempo perdido."
- "Gostaria de ter tido a oportunidade de ser uma pessoa melhor para meus pais."

E a lista continua. O que terá acontecido com as pessoas para estarem tão abaladas emocionalmente? Qual é a necessidade humana que as pessoas buscam incessantemente e não conseguem encontrar?

Será que a evolução humana está ocorrendo em passos retroativos? É como ter acesso ao oxigênio e escolher respirar dióxido de carbono, o que, evidentemente, resultará em sufocamento.

- "Quero recuperar minha saúde mental."
- "Quero voltar a ser eu mesmo."

Expressões que estreitam com cada vez mais intensidade a vivência humana. E como superar esse turbilhão existencial? Em que momento perdemos a nossa saúde mental? O quanto estamos preparados para conviver com narcisistas, fascistas, sociopatas, sexistas, desequilibrados, preconceituosos, arrogantes e manipuladores? Enfim, a lista continua com adjetivos negativos que os seres humanos permitem assumir. Por que grande parte das angústias humanas precisa ser provocada pelo outro?

Minha mente está "bugada", pessoal.

Neste exato momento, tudo o que desejo é acreditar que seria mais fácil se todos nós fôssemos: bondosos, responsáveis, equilibrados, honestos e sinceros uns com os outros. O *insight* que tenho agora me remete a um conto do escritor russo Fiódor Dostoiévski[16]: "O sonho de um homem ridículo".

O protagonista do conto chega à conclusão de que nada mais importava para ele e decide encarar a ideia de suicídio. Em certo dia, em seu apartamento, ele se afunda em uma cadeira e coloca a arma sobre a mesa ao seu lado. Porém, reluta em se lançar ao abismo da desesperança, pois uma sensação incômoda de culpa o atormenta e segura seus impulsos. O protagonista lida com suas questões internas por algumas horas antes de adormecer na cadeira. Ao dormir, ele tem um sonho extremamente vívido. No sonho, ele atira em seu próprio coração. Ele morre, mas continua consciente do que acontece ao seu redor. Ele presencia o seu próprio funeral e também é enterrado.

Após um período indefinido em seu frio túmulo, água começa a escorrer pelas suas pálpebras. O protagonista pede perdão. De repente, seu túmulo é aberto por uma figura desconhecida e obscura. Essa figura o resgata do túmulo e, em seguida, os dois voam pelos céus e pelo espaço.

Após voar pelo espaço por um longo tempo, o protagonista é depositado em um planeta muito semelhante à Terra, mas não a Terra que ele deixara por suicídio.

O personagem é inserido de forma específica em um contexto que remete à literatura judaico-cristã, seja na terra anterior à queda adâmica ou em uma idílica ilha grega. Em seguida, os habitantes da ilha o encontram e vivem felizes, como pessoas sem pecado. O protagonista desfruta dessa utopia durante muitos anos, sempre impressionado com a benevolência ao seu redor.

No entanto, um dia, o protagonista começa a ensinar aos outros habitantes coisas como a mentira, o que dá início à corrupção da utopia. As mentiras geram orgulho, e o orgulho gera uma sucessão de outros pecados. Logo, o primeiro assassinato ocorre, formam-se facções e guerras são travadas. A ciência suplanta a emoção, e os membros da antiga utopia são incapazes de recordar sua antiga felicidade. O protagonista critica o povo e implora pelo martírio, que não ocorre.

Então, ele desperta como um homem transformado, completamente grato pelo dom da vida. Resolve dedicar o resto de seus dias à pregação da verdade. Ele compreende que sua principal lição na terra é a de amar os outros como a si mesmo.

Eu sei que perdemos nosso caminho em algum ponto da jornada, e essa história nos lembra que as coisas poderiam ser diferentes, começando por nós mesmos. É um tipo de consciência que não existe mais na era dos superegos. Nos perdemos nessa jornada, porque deixamos de ensinar as verdades da tradição. Nos tornamos uma maneira compartimentada de pensar, e na nossa forma departamentalizada de ensinar, tudo foi fragmentado. Ou seja, estamos tão cheios de nossa própria razão que nos definimos sem nos importarmos com a razão do outro. Com isso, não é surpresa que tenhamos uma sociedade dividida.

Olha só o que acabei de ler: "A panelinha à qual você pertence hoje pode ser a mesma que te prejudica amanhã". Poxa! A coisa está esquentando, e as indiretas não param na internet, a terapeuta virtual mais requisitada por aqueles que dizem: "Façam como eu digo, não como eu faço". Alguém precisa se levantar e dizer algumas verdades para a humanidade excêntrica. Quem poderia realizar esse feito?

A "panelinha" dos filósofos? A "panelinha" dos santos da igreja? A "panelinha" dos intelectuais? A "panelinha" da esquerda ou da direita?

Nossa, como não pensei nisso antes: o honroso político brasileiro. Nessa panelinha, se for contra os seus "mandamentos", não vão te cozinhar, mas te fritar. Nisso, vem à mente Winston Churchill[17]: "A diferença entre os humanos e os animais é que estes últimos nunca permitem que um estúpido lidere a manada".

Não seja um estúpido.

Precisamos de mais panelinhas como as de Machado de Assis[18], em que amigos escritores *charlavam* em torno de um caldeirão (ou panelinha), no Cosme Velho, discutiam o que era realmente significativo para a educação brasileira. Foi quando surgiu a ideia de fundar a Academia Brasileira de Letras.

Gostei da palavra "charlar", vou começar a usá-la.

De uma coisa sabemos, a conta está chegando. E o que aprendemos sobre a vida: que ela continua.

A forma como vamos viver a partir de agora se tornou um assunto sério a ser levado em consideração, não podemos simplesmente deixar para pensar nisso depois.

Uma frase de empoderamento que circula nas redes sociais às segundas-feiras é: "Você deve intimidar o mundo ou o mundo irá te intimidar". Mas por que eu preciso recorrer à tática da intimidação para me adaptar ao mundo ou às pessoas? Talvez essa intimidação signifique agir de forma agressiva, como o jovem americano de dezoito anos que matou dez pessoas em um supermercado e transmitiu o ataque ao vivo em uma plataforma de jogos? O que precisamos é confrontar nossos desejos conflitantes, incontroláveis, e ter consciência de que nem tudo é permitido, evitando que a massa de seres humanos se torne estagnada e incoerente.

Lembrei-me de uma música: "Eu prefiro a pureza das respostas das crianças. A vida é bonita. Viver e não ter vergonha de ser feliz".

Alegria! A largada foi dada para a corrida do século, para a busca incansável pela felicidade a qualquer custo. Esse assunto tem sido amplamente debatido nas redes sociais. Há tantas opiniões de especialistas que nos confundem se essa tal felicidade realmente existe. De Freud a Schopenhauer, qual deles está correto?

Uma coisa eu sei: o sofrimento não cabe nos smartphones, fingir que estamos bem agrada mais, afinal, "pessoas tristes são chatas". E qual é o problema de aparentar estar feliz, mesmo estando quebrado por dentro? A resposta vem com outra pergunta: quantos "felizes" não apareceram mortos no dia seguinte? Ficamos chocados com as notícias de suicídio, pois os disfarces eram muito convincentes. Temos a impressão de que a vida do outro é sempre melhor que a nossa, até conhecermos a sua realidade.

Tenho certeza de que você já se fez esta pergunta: "Aquela pessoa tinha tudo, vivia luxuosamente e se matou? Não consigo entender, essa equação não fecha". Mas, olhando por outro ângulo, fomos forçados a perceber que cada história tem seus segredos ocultos e acreditamos que só quem tem dinheiro é uma pessoa feliz.

Isso não é verdade. O dinheiro pode atender a todos os desejos e vontades de uma pessoa, e quando não há mais nada para realizar, o que sobra? Um vazio. Para preencher esse vazio, o que a pessoa faz? Ela se enche de remédios, drogas, álcool e, às vezes, até mesmo comete suicídio quando não está satisfeita. Nesse sentido, o problema da vida não é a ausência de algo, mas sim a qualidade e a excelência. Então, em primeiro lugar, a felicidade está em estar bem consigo mesmo.

É importante seguir a dica de Aristóteles: "Buscar a felicidade. Para alcançá-la, outros bens seriam desejados, como os materiais, por exemplo, cuja falta poderia prejudicar a felicidade, mas cuja presença não seria suficiente para alcançá-la". Seria como dizer que a felicidade não está nas coisas, nas pessoas, nos lugares, mas sim na forma como percebemos as possibilidades. No entanto, a inquietude, a insanidade e a insatisfação humana vão além da nossa compreensão.

Como Pascal[19] disse: "Todo o problema do homem surge da sua incapacidade de ficar sozinho em um quarto silencioso". A inquietude da alma faz coisas que até o diabo dúvida.

Atualmente, as pessoas estão optando por se casar com hologramas. Claro que há quem se pergunte: o que exatamente isso significa? E é bom fazer essa pergunta, afinal, ninguém é obrigado a saber tudo. Hologramas são imagens virtuais tridimensionais criadas pela interferência de feixes de luz que refletem objetos físicos, mantendo sua profundidade e podendo ser visualizados a olho nu.

Quem em sã consciência teria imaginado algo assim? Um japonês se uniu a Hatsune Miku, um holograma animado. No entanto, após quatro anos de casamento, o homem teve que enfrentar a viuvez e a depressão. Isso ocorreu porque o software responsável por manter Miku "viva" chegou ao fim de sua validade.

Sinceramente, fico confusa com tudo isso. Esse homem se assumiu como fictossexual. Alguém já tinha ouvido falar disso antes? Eu certamente não. Esse termo se refere a alguém que tem sentimentos intensos e duradouros de amor, paixão ou desejo por um personagem fictício. Como pode ser considerado normal? Essa é uma pergunta que precisa ser feita.

Após tudo isso, talvez seja melhor seguir a sabedoria de Bob Marley[20]: "Por que levar a vida tão a sério se a vida é uma aventura alucinante da qual nunca sairemos vivos?". Prometo que não irei comentar essa frase.

Espera, preciso tentar compreender o japonês.

Será que ele foi influenciado pelo efeito Pigmalião? Depositou uma grande expectativa na mulher idealizada em forma de holograma a fim de que viesse a se tornar uma mulher de "carne e osso"? Só pode.

Pessoal, Pigmalião não é o que vocês estão pensando. Sei que muitos lembraram do corte de cabelo dos anos oitenta, não é isso.

Pigmalião era um rei e escultor da Ilha de Chipre, que não era casado. Esse mito foi narrado pelo poeta romano Ovídio em sua obra *Metamorfoses*[21]. Segundo ele, Pigmalião decidiu viver em celibato na ilha por não concordar com o comportamento das mulheres da região.

Foi então que ele decidiu criar uma estátua que seria a representação da mulher ideal, segundo sua visão. Após concluída, o artista ficou encantado com sua criação.

O problema foi que, com tanta admiração, Pigmalião se apaixonou pela estátua, para a qual deu o nome de Galateia, cujo significado no grego seria: branca como o leite. Ele a tratava como se fosse de "carne e osso"; dava presentes, fazia carinho, a vestia com roupas e joias, e chegou a se casar com ela. Mas sua esposa adorada era apenas uma estátua de marfim, o que trouxe profunda tristeza a Pigmalião.

Afrodite sentiu pena do artista e lhe concedeu o desejo de transformar a estátua em uma mulher de carne e osso, com a qual se casou e teve uma filha.

Pigmalião conseguiu, pelos mais diversos fatores, que a estátua virasse uma mulher de verdade por meio do depósito de uma grande expectativa nessa causa.

É, se o nosso amigo japonês tinha essa esperança, sinto dizer que as expectativas o levaram a grande frustração.

No campo da psicologia, há muitos questionamentos sobre as influências, expectativas e verdadeiras motivações. Tenho acompanhado diversos posts nas redes sociais com boas intenções, mas devemos lembrar que "o inferno está cheio de boas intenções".

Gosto bastante das respostas que encontro nos posts, admiro as pessoas que expressam seus verdadeiros sentimentos. Recentemente, um grupo de especialistas em física quântica perguntou aos seguidores se estavam sentindo a energia do Eclipse. Ri bastante com alguns comentários:

- "Não senti absolutamente nada."
- "Não sinto nenhuma energia."

- "Estou procurando minha missão de alma até debaixo da cama."
- "Só sinto dor de cabeça."

É claro que há pessoas que sentem algo e os comentários são positivos. Quero deixar claro que não tenho nada contra esses especialistas, cada um tem sua própria energia e respeito isso. Afinal, o Universo está vivo, em constante movimento e foi criado por Deus com um propósito. No entanto, achar que o Universo conspira a seu favor e colocar toda a sua energia nisso já é demais, concorda?

Digo isso porque as pessoas tendem a buscar uma visão excessivamente mistificada dos elementos relacionados ao Universo. Seria como ler: "Um dia, você olhará o saldo da sua conta e o confundirá com o seu CPF, você acredita"? Digite: Amém.

As pessoas se apegam a isso porque necessitam de altos níveis de motivação para se manterem vivas, ou melhor, esperam que aquilo que precisam fazer na Terra aconteça por si só. No entanto, o que não se questiona é que o primeiro passo sempre será nosso, não adianta tentar fugir disso. Se nos ensinaram de forma errada, é hora de aprender o que é certo.

Nesse sentido, concordo com a frase de Oprah Winfrey[22]: "Os desafios são presentes que nos obrigam a procurar um novo centro de gravidade. Não brigue com eles. Apenas encontre uma nova maneira de se manter de pé".

Em tempos de desabafos ao vivo nas redes sociais, não faltam conselhos. Para tudo o que você está passando, sempre encontrará algo que se encaixe no que você realmente deseja ouvir ou ler. E, para ser sincera, muitas coisas realmente ajudam.

As dicas mais eficazes são aquelas direcionadas às mulheres, com uma frase inusitada:

"Vista um cropped e reaja!".

Essa frase serve como um incentivo para que as mulheres enfrentem situações difíceis em suas vidas, pois não vale a pena ficar sofrendo. Eu mesma já utilizei essa expressão ao dizer para alguém: "Fulana, vista um cropped e reaja!".

Pode-se esperar que em breve haverá a venda de croppeds abençoados que prometem proteção contra todos os males, além de possuírem um detector de mentiras. Afinal, de engano em engano, a galinha enche o papo. É importante mencionar que na vida há pessoas para tudo.

Sabe, não seria uma ideia ruim, pois pelo menos as mulheres se livrariam dos vigaristas de plantão, uma "raça de gente" que tem crescido assustadoramente. Fico curiosa com a habilidade desses indivíduos. Se eles utilizassem essa habilidade para o bem, o mundo seria diferente. No entanto, faço uma ressalva, as mulheres também têm crescido nesse mesmo mercado.

Como dizia o vô Chico quando estava chateado com a vó Vitória: "É, fiinha, muié braba não come mel, come abeia viva", invertendo totalmente a ordem de gênero na frase de Millôr Fernandes[23]: "Machão não come mel, come abelha".

Mas como dizia o sábio João[24]: "O mundo está sob o domínio do mal". Depende de nós termos cuidado para não cairmos nas armadilhas do diabo.

Ao falar do malvado, quando imagino que já presenciei de tudo nesta vida e afirmo que nada mais me assusta, engano-me rapidamente: "não sabe de nada, inocente".

Recentemente me deparei com um documentário intitulado *Cyber Hell*, que aborda uma rede de salas de bate-papo on-line envolvidas em crimes sexuais cometidos na Coreia do Sul por meio do aplicativo de mensagens Telegram. Eram criadas salas de chat com o intuito de chantagear mulheres vulneráveis, muitas delas menores de idade, a mais jovem tinha apenas nove anos.

Essas mulheres tinham seus celulares invadidos por hackers, que as chantageavam para enviarem conteúdos íntimos a fim de evitar a divulgação de seus dados pessoais. Assim, iniciava-se um sistema de escravidão sexual por meio de coerção. Mais de 260 mil pessoas pagavam para ter acesso às salas de bate-papo, em que assistiam a vídeos onde nos quais elas eram estupradas e filmadas sem consentimento.

São atraídas por anúncios sedutores e, inocentemente, têm suas vidas roubadas de si mesmas. O que se considerava ruim torna-se mil vezes pior nas mãos dessas pessoas. As redes ilusórias que se espalham pelo mundo.

As redes ilusórias que se espalham pelo mundo. A dor de muitos é o lucro de poucos. O documentário também expõe as facetas malignas da Deep Web. Há quem diga que o diabo não existe. Porém, ele existe. E existem também pessoas potencializadas pela sua força.

A Deep Web é uma das armas utilizada para distorcer o verdadeiro sentido da existência humana. Vou tentar resumir um pouco aqui: a Deep Web é uma expressão em inglês que significa "Internet

Profunda". Ela é considerada uma internet "invisível" porque todo o seu conteúdo não é de fácil acesso para a maioria dos internautas. Além disso, os responsáveis por esse conteúdo optam por manter seu anonimato. Os sites presentes na Deep Web têm um objetivo em comum: a privacidade.

Os usuários que a exploram não desejam ser incomodados; são criminosos, assassinos, pedófilos, membros de seitas satânicas e grupos que propagam atividades imorais e violência explícita contra seres humanos. Há fotos de pessoas sendo torturadas, crianças sendo estupradas, eventos de sadismo, e tudo mais que uma mente potencializada pelo diabo possa fazer.

Às vezes brinco que, nessa história de horror, o diabo deixou de ser professor há muito tempo e passou a ser aluno.

Vivendo e aprendendo. E o que se aprende é cada vez mais inusitado o que vem do ser humano. O viver aqui e agora virou sentido para alguns, desacreditando em qualquer valor humano.

Então, poderia dizer que, diante de tantas bizarrices, mudar não teria grande importância, porém, foi diante dessas bizarrices que percebi que era o momento exato de descobrir quem eu sou nesse mundo lotado de lunáticos.

Capítulo II

A VIDA SEM "REPRISES"

Conhece aquele ditado famoso: "Não adianta lamentar depois que o mal está feito". Assim são as nossas atitudes, uma vez feitas, não se pode voltar atrás. Quantas vezes pensei: "Ah, se eu pudesse retroceder, faria tudo diferente". Porém, há coisas que, devido à falta de maturidade, não saberíamos como responder melhor à situação. No entanto, também existem coisas feitas que nos arrependemos amargamente.

Vamos seguindo em frente e nos comportando de acordo com o que é sugerido. Como dizem por aí: "se todo mundo pensa assim, é porque deve estar correto". Com isso, a vida é vivida tendo o prazer como objetivo.

Poder, fama e dinheiro são meios para alcançar a felicidade, mas muitas vezes são obtidos à custa do sofrimento alheio. Essa busca intensa e imediata de viver o momento sem pensar no amanhã me faz lembrar de uma antiga história contada por um sábio e respeitado mestre.

Havia dois homens: o rico e o pobre[25].

O rico se vestia de púrpura e linho finíssimo. Essa tintura púrpura era bastante cara, era extraída de caramujos-marinhos, seria como vestir uma roupa digna da realeza. Vivia esplendidamente, com fartura e ostentação.

Já o pobre vivia de maneira completamente oposta ao rico. Devido à sua maneira precária de viver, seu corpo era coberto por feridas. Ele desejava comer ao menos as sobras da mesa do rico.

Mas o rico não tinha tempo para coisas pequenas e insignificantes do dia a dia, pois o que estava ao seu redor era o que importava. No entanto, o rico, se o analisarmos por meio da filosofia de Kierkegaard, no seu modo de viver, vivia a vida estética, em que ele era guiado somente pela busca do prazer, a existência só tem sentido e é suportável se está em gozo com esses prazeres, o outro não existe, o que se tem é um egoísmo exacerbado consigo mesmo.

Num certo momento, os dois homens vieram a falecer. O pobre foi ao paraíso e o homem rico acabou no inferno. Em relação ao inferno, vale citar uma frase de Shakespeare[26]: "O inferno está vazio, e todos os demônios estão aqui". Será verdade, prezado Shakespeare? Ao que parece, os demônios realmente estão à solta, arrebatando a humanidade para sua nova moradia. Mas, meu caro Shakespeare, há muitos indivíduos povoando o inferno neste preciso momento. E se ele ainda não foi inaugurado, está prestes a sê-lo.

Retomando a história, o rico não foi para o inferno por ser rico, mas sim por ter permitido que a riqueza o dominasse e por valorizar mais o dinheiro do que as pessoas. Era o que o dinheiro era capaz de fazer com ele, e não o contrário. A história conta que, assim que o rico chegou ao inferno, ele implorava desesperadamente por ajuda para amenizar seu sofrimento. E ele estava consciente de suas ações passadas e do seu estado atual. O rico, em sua miserável e atormentada condição, observava o pobre, que estava em um lugar tranquilo sendo consolado, e desejou profundamente estar em seu lugar.

Ele suplicava por compaixão, porém já era tarde. Talvez o pobre fosse a campainha por mudanças que o rico se recusou a atender. Quem sabe.

A morte não é o fechar das cortinas e o fim do espetáculo. Não se trata apenas do aqui e agora, ponto final. A morte não é um sono. O que está claro é que aqueles que já partiram estão despertos e plenamente conscientes e terão que prestar contas de suas ações. "Nenhum mal pode acontecer a um homem bom, nem na vida, nem depois da morte", discernimento de Platão. Seria estranho, não é mesmo, pessoal? Nascer, ter a oportunidade de viver apenas uma vez e que tudo termine com a morte? Não seria justo para aqueles que tentaram tornar a vida uma jornada melhor para si e para os outros. Não seria justo para o pobre, que sofreu durante toda a sua existência. Não seria justo para tantas outras pessoas que sofrem de traumas, violência, abusos e que não tiveram outra escolha senão continuar vivendo com a sombra de seus algozes. O céu existe, assim como o inferno.

Admiro imensamente a simplicidade do poeta e escritor Ariano Suassuna[27], a forma como ele coloca as palavras e torna tudo tão compreensível. Ele fala com autenticidade sobre o que acredita e defende suas convicções. Assisti a um vídeo em que ele contesta uma frase da música de Cazuza que dizia: "Os meus heróis morreram todos de overdose". Ariano compadeceu-se da morte prematura do cantor, mas ficou indignado com essas palavras: "Como é possível que coisas assim sejam ditas impunemente, sem ninguém protestar?" E ele protestou: "Porque o meu herói principal não tinha a mínima noção do que era uma overdose, ele foi crucificado entre dois ladrões. Precisamos firmar esses valores, sem medo de sermos considerados arcaicos. Essa frase é extremamente prejudicial para nossa juventude".

    Nosso poeta estava correto quando expressou isso em uma de suas palestras há alguns anos. Desde então, as coisas pioraram de maneira desastrosa e o que vemos são jovens confusos e sem direção. Eles buscam em si mesmos alternativas para encontrar um caminho, e sabemos que o que sai de nós mesmos nem sempre é tão bom.

    Como disse Millôr Fernandes: "Cada ideologia tem a inquisição que merece".

Capítulo III
GERAÇÃO SEM CRITÉRIO

Critério, termo obsoleto nos dias atuais no mundo dos vivos. É o padrão utilizado para estabelecer uma comparação, escolha, julgamento ou avaliação. Habilidade para discernir entre o verdadeiro e o falso, o bom e o ruim. Em qual ponto estamos perdendo a compreensão do significado da palavra "critério"? A partir do momento em que testemunhamos diariamente reações do comportamento humano que decidem por conta própria quem vive e quem morre.

Um jovem de dezoito anos invade uma escola primária no Texas, tirando a vida de vinte e uma pessoas. Ele adquiriu dois fuzis no dia de seu aniversário e atirou em sua avó antes de ir até o local onde disparou contra dezenove estudantes e duas professoras.

Vítima de bullying na escola, com dificuldades em casa, uma mãe usuária de drogas e histórico de automutilação. É como se dissesse: "Tenho uma existência miserável, não consigo suportar o fardo de viver e não tenho ninguém para me ajudar a superar isso. Solução: vou me matar, mas farei com que algumas pessoas sofram como eu sofri. Afinal, todos esses anos de dor e rejeição devem ser vingados de maneira que ninguém esqueça".

Que covardia! Não seria menos complicado e humano procurar ajuda para saber lidar com ele mesmo a envolver outras pessoas?

Por que as pessoas optam pelo lado ruim na maioria das vezes? Preferem se sabotar a ter uma interpretação diferente nas situações difíceis? Por que não ter pensamentos, atitudes positivas em momentos difíceis, com a gente e com os outros?

É isso que chamo de produção em larga escala da desumanização do humano. A grande bolha que vai se agigantando com as condutas bizarras do ser humano, refletindo todo o desequilíbrio, a desordem que nós mesmos causamos. Evolui-se tanto na tecnologia e regride-se tanto como ser humano.

A corrente do ódio com suas raízes amargas. Precisamos ser responsáveis em relação a nós mesmos e ao outro, nas palavras e atitudes. Tenho comigo que tudo começa com apenas uma palavra mal dada.

"Qualquer um pode zangar-se, isso é fácil. Mas zangar-se com a pessoa certa, na medida certa, na hora certa, pelo motivo certo e da maneira certa, não é fácil". Essa foi a proposta de desafio de Aristóteles a nós mesmos.

Sabemos que lidar com o ser humano e as suas emoções se torna cada dia mais desafiador. Goleman[28], jornalista científico e psicólogo, escritor por anos do *The New York Times*, traz uma história que revela quanto custa o "analfabetismo emocional", o preço de não estarmos preparados emocionalmente tem sido alto demais.

> Tudo começou com uma briguinha, mas degringolou. Ian Moore, graduando do colégio Jefferson, no Brooklyn, e Tyrone Sinkler, do primeiro ano, tinham brigado com um colega, Khalil Sumpter, de quinze anos. Depois passaram a provocá-lo e a ameaçá-lo. Foi aí que a coisa explodiu. Khalil, com medo de que Tyrone e Ian fossem

> lhe bater, levou uma pistola calibre trinta e oito para a escola e, a uns três metros do guarda do ginásio, matou os dois garotos com tiros disparados à queima-roupa no corredor (Goleman, 1996, p. 384).

O fato é muito chocante. Mas é também um indicador, à nossa disposição, para que tomemos consciência da necessidade, urgente, de ensinamentos que objetivem o controle das emoções.

No livro *Inteligência Emocional*, Goleman inclui o testemunho de um professor do Brooklyn que afirma: "Priorizamos a qualidade da leitura e escrita dos alunos em detrimento da incerteza sobre sua sobrevivência na semana seguinte" (1996, p. 415).

Não fomos ensinados a resolver os conflitos de maneira positiva. Quem aqui, quando seu filho relatou que brigou na escola, não aconselhou a pagar com a mesma moeda? Tenho vergonha de dizer isso hoje, mas eu já. Infelizmente ainda somos analfabetos para lidar com a raiva e resolver conflitos de forma positiva.

Que tipo de toxidade tem envenenado a humanidade? Goleman, no estudo já citado, relata que nenhuma criança, rica ou pobre, é imune a problemas. Embora as crianças pobres tenham o pior registro em indicadores de aptidões emocionais, a respectiva taxa de deterioração com o correr das décadas não foi pior que aquela das crianças de classe média ou rica: todas mostram uma queda constante.

O fenômeno é global.

O que me faz lembrar do estudo do cientista e etólogo Calhoun chamado "Utopia dos Ratos[29]": um experimento comportamental com foco em uma análise psicopatológica realizada com ratos para exemplificar como a superpopulação das áreas urbanas poderia contribuir para "O fim da Humanidade".

O foco do projeto era como os roedores se comportariam em um ambiente controlado, livre de predadores, esterilizado, com pouca margem para doenças, com água, comida e com abrigos suficientes.

O experimento começou com quatro pares de camundongos saudáveis, que foram soltos para dar início à nova sociedade. Nos primeiros dias os roedores se ajustaram ao habitat e construíram seus ninhos, acasalavam e, com isso, a população passou a dobrar de tamanho.

Em trezentos e quinze dias de experimento, a utopia já havia se transformado em um pequeno inferno, com uma população de seiscentos e vinte ratos. Calhoun percebeu que os "ratos ômegas", que eram tímidos e faziam parte da base de hierarquia, interromperam o acasalamento quando se viram rejeitados pelas fêmeas. Sem terem mais um papel na sociedade, eles se afastaram dos grupos maiores e passaram a comer, dormir e às vezes brigar com os mais marginalizados.

Os machos "dominantes" adotaram um comportamento muito agressivo, atacando os demais ou os provocando sem motivo aparente, chegando a se deslocarem em grupos, que atacavam as fêmeas e estupravam qualquer rato, independentemente do sexo. Apesar de haver comida suficiente, ocorreram episódios de violência que terminavam em canibalização.

As fêmeas, tendo que cuidar de seus ninhos sozinhas, adquiriram um comportamento agressivo, atacando assim seus próprios filhotes. Algumas acabaram abandonando suas ninhadas, gerando uma taxa de mortalidade de 90%, devido ao colapso dos papéis sociais e à aglomeração excessiva.

A geração de jovens ratos cresceu em meio a um ambiente anormal, sem exemplos de como deveriam se comportar, sem molde de paternidade e maternidade, instrução para acasalamento e marcação de território. Portanto, eles apenas comiam, bebiam e se higienizavam. Eles eram caracterizados pelo cientista com uma apatia social, perda de propósito de vida e reclusão — o fim de um desejo de futuro.

Publicada na edição de 1962 da *Scientific American*, a conclusão do cientista foi de que os ratos, assim como os humanos, só prosperam em um senso de identidade e propósito estabelecido dentro de um mundo em geral. Ou seja, para Calhoun, quando todo senso de identidade é retirado da vida de um indivíduo, a vida deixa de ter propósito, uma vez que ela não é apenas apoiada em aspectos básicos — moradia, água, conforto e comida.

Será que estamos verdadeiramente vivendo um "apocalipse social"? Será que nos deparamos com uma sociedade mimada por tudo, exigindo cada vez mais sua individualidade?

Surge, portanto, um novo estilo de vida: cada um em sua própria bolha, escolhendo o que é bom para si mesmo, mesmo que isso prejudique os outros. Com isso, desestabiliza-se a ideia de coletividade que existia no passado. Um exemplo disso é observarmos, dentro de um mesmo lar, cada um comendo o que deseja, cada um assistindo aos seus próprios aparelhos eletrônicos, cada um respeitando-se como bem entende. Ou seja, uma família fragmentada vivendo em um mesmo ambiente, com necessidades individualizadas. Raramente se compartilha algo que seja comum a todos.

Finalizo este capítulo com G. K. Chesterton[30]:

> A família é a fábrica que produz a humanidade, e o inimigo do amor e da família é o próprio EU. O individualismo é uma ilusão adolescente. Alguém declara o seu amor e pede em casamento a mulher amada, propondo que ela o ajude a se libertar de si mesmo.

Capítulo IV

O CÉU E O INFERNO DE CADA DIA

Nas redes sociais, não faltam os memes falando sobre crianças mal-educadas. Vou confessar algo: quando vejo uma criança mal-educada, meu cérebro gira igual ao da formiga atômica. Quem é dessa época vai se lembrar do desenho da formiga atômica. Eu amava.

Meus filhos se divertem quando veem crianças tendo ataques de histeria no shopping ou no supermercado: "Essa criança só precisava passar uma semana sob os cuidados da nossa mãe kkk".

Eu cometi muitos erros com meus filhos, mas sempre tive a humildade de reconhecê-los e pedir perdão a eles. Eles sempre tiveram liberdade para expressar o que pensam sobre mim. É claro que, em algumas conversas, eu me justificava, mas também aprendi que, quando usamos justificativas para nos defender, não somos perdoados nem perdoamos.

Lembro-me de quando sentei meus três filhos e perguntei a eles o que achavam de mim. A sensação que tive com as respostas deles foi como o vídeo que vi: um grande crocodilo tentando mastigar uma tartaruga viva. Ele, o crocodilo, tentou diversas vezes morder implacavelmente, porém não conseguiu. A tartaruga saiu de sua boca cambaleando, mas estava viva.

Surgiu um sentimento ruim, mas foi um desafio para mim. Tive a oportunidade de evitar problemas que se tornariam sérios no futuro com as respostas deles. Isso poderia resultar em rompimentos de nossos laços familiares. Ao ouvi-los, comecei algo que é tão difícil para muitas pessoas, mas é mais simples do que podemos imaginar.

Ao estabelecer uma comunicação priorizando os sentimentos e as necessidades em vez de apontar erros, você descobre de forma simples como se posicionar em relação ao outro.

O que mais gosto é quando converso com eles no quarto ou quando nos reunimos à noite para agradecer a Deus e digo que vou dormir, ouço: "Ah, não, mãe, fica mais um pouco aqui!". Vale ressaltar que não estou falando de crianças, mas sim de filhos adultos. Hoje, posso dizer que além de mãe, sou amiga dos meus filhos.

Já testemunhei casos em que crianças pequenas dão tapas no rosto de suas mães e pais tentam negociar com a criança. Estamos retrocedendo como seres humanos, nos idiotizando a pensar que comportamentos como esses são normais. Eles não são.

Não é possível barganhar respeito.

Vivemos tempos em que os pais trabalham muitas horas e seus filhos são deixados por conta própria ou aos cuidados da internet. Por outro lado, observamos um aumento na criação de crianças em contextos de carência, sendo as famílias monoparentais uma realidade cada vez mais presente. Isso resulta em mais bebês e crianças pequenas frequentando creches que, infelizmente, nem sempre oferecem os recursos adequados, o que alguns podem considerar como uma situação equivalente ao abandono.

Tudo isso leva a uma crescente perda de oportunidades para os pais estarem presentes com seus filhos, momentos que têm uma grande influência no desenvolvimento emocional.

Claro, não é uma situação simples. Mais uma vez reforço que, se não for possível cuidar de um filho de maneira adequada, é melhor não tê-los. Seriam apenas mais uma entre milhões de crianças sofrendo as consequências. Sei que trazer um filho ao mundo e dar-lhe conforto não garante um bom comportamento, porém, como pais, devemos fazer o que é necessário a eles. Compreendo que a situação é complexa e multifacetada. Reforço mais uma vez a ideia de que, se não houver condições de proporcionar um cuidado adequado a um filho, talvez seja mais sensato reconsiderar a decisão de tê-lo. Dessa forma, evitamos adicionar mais uma criança às milhões que já enfrentam as repercussões de circunstâncias desfavoráveis. É importante reconhecer que trazer um filho ao mundo e oferecer conforto não garante automaticamente um comportamento exemplar. No entanto, como pais, temos a responsabilidade de fazer o necessário para o bem-estar deles, mesmo diante dos desafios inerentes a essa missão.

Não interpretem mal o que digo, não estou fazendo apologia a nada. Apenas quero deixar claro que as pessoas devem ser sérias em suas decisões, precauções e responsáveis umas pelas outras.

Deparo-me com mais uma notícia que me deixa profundamente perturbada, e já afirmo: a complexidade do amor, a razão parece renunciar, e a loucura é convocada. Um jovem, diante da dificuldade em aceitar o término do relacionamento com sua namorada, decide tatuar o nome dela em seu rosto. O detalhe intrigante é que ele opta por utilizar o nome completo, ultrapassando a simples marcação simbólica e deixando evidente sua apropriação sobre a jovem. A ironia nesse contexto é que o "melhor" desfecho é que ele não a violentou mortalmente, algo que, lamentavelmente, tem ocorrido com frequência.

A desumanização persiste: uma mulher, convencida de deter todo o poder, tomou a decisão de lançar seu enteado de quatro anos no abismo da vingança, como uma resposta aos problemas que enfrentava em seu relacionamento conjugal. Acreditando que a morte da criança proporcionaria uma paz eterna ao seu coração, ela escolheu esse ato extremo como uma solução para suas aflições. A situação levanta questionamentos sobre os limites da crueldade e a necessidade de abordagens mais compreensivas para lidar com conflitos interpessoais.

Que tola.

O que ela trouxe foi o tormento de viver o resto de sua vida tendo que lidar consigo mesma, o que com certeza não deve ser fácil, além de enfrentar o julgamento de muitas pessoas e vários dedos apontados em direção.

A vida é uma dádiva de Deus, não é algo que se descarte.

Será que não te bate a curiosidade de saber onde essa pessoa tirou disposição para isso? Porque nesse caso a pessoa até o infortúnio parecia ser normal. Mas quantos "normais" estão por aí e não sabemos o que eles podem fazer, não é?

Ainda bem que acredito que o inferno existe, pois me traz consolo na alma. E sei que a dor que foi causada pela morte da criança em seus familiares é difícil de suportar, contudo, também acredito que a criança será confortada N'aquele cuja essência é o amor — Deus.

Não tem como não acreditar que Deus, permitindo tais eventos, devido ao livre-arbítrio que nos deu, não estenderia Sua graça a pessoas inocentes. Seria catastrófico demais viver num mundo desse. Ele — Deus — não teria criado um mundo para isso, o criou para projetar a redenção, a quem assim desejar.

Por isso, nunca será tarde demais para mudar.

Henry David Thoreau[31] afirmou uma vez: "Muitos homens iniciaram uma nova era em suas vidas a partir da leitura de um livro." Da mesma forma que C. S. Lewis, ao se deparar com *O Homem Eterno*, de Chesterton, começou a vislumbrar uma nova realidade de significado, minha própria jornada rumo a uma nova era teve início há alguns anos. Essa transformação significativa ocorreu quando decidi explorar o livro mais vendido do mundo: A Bíblia.

A experiência de leitura para mim foi como se as palavras saltassem das páginas, penetrando minha mente e iniciando uma revolução, desmantelando todas as estruturas antigas estabelecidas. Foi, conforme muitos descrevem, um ponto de virada que reconfigurou completamente meu entendimento superficial sobre o sentido da vida.

Águas que não se misturam, como as do rio Negro e Solimões no Amazonas, que acontece devido à diferença de composição e acidez. Você passa a ter discernimento de qual lado do rio quer ficar, daquilo que te faz bem e daquilo que te faz mal, do certo e do errado.

Estamos tão envolvidos diariamente com tantas notícias ruins que acabamos nos esgotando mentalmente. Precisamos parar para refletir, e as Escrituras sempre nos direcionam ao novo entendimento. Tipo: recompor a mente para absorver esperança, perseverança, compaixão, bondade, humildade etc.

Esses sentimentos são tirados de nós todos os dias e, se não tomarmos cuidado, são difíceis de retornar. Sei que não vamos conseguir mudar o mundo, e não adianta nem ficar ansioso com isso, mas podemos começar mudando nós mesmos e pessoas que estão ao nosso redor. Uma palavra, apenas uma palavra boa, dada na hora certa, se você se dispor, muda a vida de uma pessoa.

Gosto de uma velha história japonesa que diz que um guerreiro samurai certa vez desafiou um mestre Zen a lhe explicar os conceitos de céu e inferno. Mas o mestre lhe respondeu com desprezo:

— Não passas de um bruto, não vou desperdiçar meu tempo com gente da tua laia.

Atacado na própria honra, o samurai teve um acesso de fúria e, sacando a espada da bainha, berrou:

— Eu poderia te matar por tua impertinência.

— Isso — respondeu calmamente o mestre — é o inferno.

Espantado por reconhecer como verdadeiro o que o mestre dizia acerca da cólera que o dominara, o samurai acalmou-se, embainhou a espada e fez uma mesura, agradecendo ao mestre a revelação.

— E isso — disse o mestre — é o céu.

Há uma proposta instigante em considerarmo-nos doutores na arte de nos conhecermos. No entanto, é fundamental problematizar os efeitos potencialmente nefastos que podem surgir ao sucumbirmos ao desespero e ao desânimo

Para Viktor Frankl, autor de *Em Busca de Sentido*, publicado em 1946, a correlação entre o estado mental, o humor e as emoções com os efeitos no organismo tornava-se evidente de maneira impactante no contexto do campo de concentração.

Ele conta no livro que um colega teve um sonho. Nesse sonho, uma voz apareceu para ele dizendo que responderia a qualquer pergunta que ele desejasse.

Ele perguntou o seguinte: "Quando a guerra vai acabar para mim?" A resposta da voz foi que seria ainda no mês de março, mais especificamente, no dia 30.

Porém, março foi passando e as coisas foram acontecendo sem nenhuma mudança. A guerra não havia acabado e não havia indícios, pelo menos para eles, prisioneiros, de que a guerra estivesse prestes a acabar.

Frankl dizia que parecia, cada vez menos provável, que a liberdade chegasse no mês de março.

No dia 29 de março, aquele companheiro foi repentinamente atacado de febre alta e em 30 de março, no dia em que, de acordo com aquela profecia, a guerra e o sofrimento acabariam para ele, ele caiu em pleno delírio e entrou em coma. No dia 31 de março, estava morto. Faleceu de tifo exantemático.

Frankl (1985, p. 56) comenta:

> Quem conhece as estreitas relações existenciais entre o estado emocional de uma pessoa e as condições de imunidade do organismo, compreenderá os efeitos fatais que pode ter a súbita entrega ao desespero e ao desânimo. Em última análise, meu companheiro foi vitimado porque sua profunda decepção pelo não cumprimento da libertação pontualmente esperada, reduziu drasticamente a capacidade de seu organismo contra a infecção de tifo exantemático já latente.

O que ele está dizendo é que o fato de a guerra não ter acabado quando aquele amigo tinha tanta crença que acabaria produziu uma baixa na sua esperança e no seu humor, que permitiu que uma infecção que já estava latente se proliferasse e se tornasse muito mais agressiva. Segundo Frankl (1985, p. 56), "Paralisaram-se sua fé no futuro e sua vontade de futuro, acabando seu organismo por sucumbir à doença. Assim a voz do seu sonho acabou prevalecendo...".

Diante da mente doentia e blasfema de Hitler, com todo o horror do nazismo, alguns puderam encontrar forças: ensinando que lutar até o fim sempre será a melhor decisão.

Capítulo V

VIRE DO AVESSO

"Bom diaaaaa!", quando recebo essa mensagem logo pela manhã, me coço toda, principalmente se for segunda-feira, nada contra ela, mas é que meu cérebro ainda está se conectando para recomeçar. A pessoa só pode ser acima da média para te mandar um "bom diaaa" desse jeito, logo na segunda pela manhã.

Agora, após reconectar, acabei de ler algo muito interessante: "Você tem que se elogiar, porque há sacrifícios que muitos não entendem". Parece que leram meus pensamentos, pois eu tinha acabado de falar isso alguns minutos atrás. Tenho certeza de que isso já aconteceu com você também. A única explicação é que Deus usa quem Ele quer para transmitir suas mensagens. Preste atenção nos sinais.

Quanto mais penso que sei, menos eu sei, parafraseando Sócrates[32], que duvidava da extensão de seu conhecimento e tinha consciência plena de sua própria ignorância. Concordo. Nunca saberemos tudo, não importa quanto tempo vivamos e nos esforcemos em busca de conhecimento. Sempre haverá algo que não ouvimos falar.

Neste exato momento acabo de conhecer uma síndrome: a da rã fervida[33]. A história foi escrita pelo filósofo francês Olivier Clerc.

Bichinha, logo imaginei ela na panela!

Diz o seguinte: você sabe o que acontece se colocar uma rã em uma panela com água fervente? Ela pulará e correrá. E se você colocar a rã em uma panela de água fria e elevar a temperatura lentamente? Ela permanecera na panela, e seu corpo irá se adaptar à nova temperatura aos poucos. Quando ela perceber que a água está fervendo, será tarde demais. Ela usará toda sua força para regular a temperatura do corpo. Então, sem conseguir pular para fora da panela, ela morrerá, sem se quer tentar escapar.

Qual é realmente a causa da morte da rã, a água fervente ou o fato de ela não perceber a temperatura se elevando? A síndrome da rã fervida é o perigo de nos acostumarmos com as situações negativas da vida. Assim como a rã, temos grande capacidade de adaptação. Imersos em nossas panelas custamos a ter atitudes positivas em nosso favor, preferimos nos acomodar a reagir, viver na clausura a se libertar, permanecer calado a buscar ajuda.

Sempre haverá alguém pronto para ajudar, o importante é comunicar-se. Expressar-se liberta, ilumina a sombra escura da alma. O silêncio em relação a certas coisas alimenta a depressão, os vícios, a amargura, a desconfiança, a destruição do lar, as síndromes, as doenças psicossomáticas, a rejeição, a violência, ser alguém que não desejamos ser, mas somos.

Nutrimos isso com frequência e nos sentimos confortáveis no silêncio, pois falar sobre certos assuntos causa desconforto e dor. Precisamos ousar romper com os segredos que guardamos dentro de nós. Parar de alimentá-los é libertar-nos das correntes que aprisionam nosso ser.

Quantas histórias ouvimos de pessoas que tiveram a coragem de falar e inspiraram outras pessoas? A resposta do silêncio nem sempre é a melhor opção. Ser honesto consigo mesmo e com os outros em relação ao que se sente é libertador.

Temos apenas uma certeza na vida: que um dia nascemos e um dia morreremos. Entre o nascimento e a morte, como você quer ser lembrado? O que vamos escolher ser entre nascer e morrer?

Só temos uma oportunidade preciosa para fazer algo bom por nós mesmos e pelos outros. Ser recordado, pelo menos pelas pessoas ao nosso redor, como alguém capaz de abraçar a vida de forma positiva já seria uma grande conquista.

Lembro-me de um vídeo que a assisti várias vezes nas redes sociais, achei sensacional. Era um lugar com vários bares nas calçadas, uma banda tocando ao vivo, e todos, crianças, jovens e adultos, descontraídos em suas conversas. Então, de repente, surge uma senhorinha dançando alegremente entre as pessoas, com passos amplos e sincronizados com a música, para que todos pudessem vê-la. Ela dançava como se fosse a última dança de sua vida, com intensidade e leveza, sem se preocupar com os comentários alheios. Não se importava em agradar ou não, apenas queria tornar aquele momento feliz para si mesma. Sua resposta positiva à vida naquele instante alegrou a vida de muitas pessoas ao redor do mundo. Inclusive a minha, trazendo leveza ao meu dia.

Tenho um grande poder para fazer com que minha vida seja triste ou alegre. Eu posso ser uma ferramenta de tortura ou um instrumento de inspiração, posso humilhar ou estimular, posso ferir ou curar. Em todas as situações, é minha resposta frente ao ocorrido que decide se uma crise vai se exacerbar ou se mitigar, se uma pessoa será desumanizada ou humanizada. Se tratarmos as pessoas como deveriam ser, vamos ajudá-las a ser capazes de se converter no que podem ser.

Goethe[34], uma das figuras mais importantes da literatura alemã do século XVIII, chegou à conclusão de que somos o elemento decisivo em nossas atitudes. A vida e suas reviravoltas, algumas vezes, nos fazem começar do zero. Bem-vindo ao jogo da vida.

No entanto, o mais interessante disso tudo é que o ser humano é a única criatura capaz de evoluir, pode cair, pode inovar, pode transformar, e não apenas a sua própria vida, mas a vida dos outros. É por isso que fomos criados à semelhança de Deus.

Sempre haverá oportunidades de renascer, não importa quão grandes sejam os escombros de destruição ao nosso redor.

Muitos usam a frase "cheguei ao fundo do poço" para descrever suas condições. Porém, até o poço tem um limite estabelecido e é a partir desse ponto que começa a escalada em busca de algo novo, corrigindo o errado pelo certo, algo novo em que não havia sentido, mas passa a ter sentido, algo novo que traga significado à nossa existência. Existência não apenas para permanecermos vivos, mas sim para que valha a pena.

A sabedoria de Sócrates nos ensina que a chave para a transformação reside em direcionar nossa energia não para combater o passado, mas sim para construir algo novo. Portanto, aproveitemos esse conselho valioso do filósofo.

Capítulo VI

A MENTIRA E SUAS ANDANÇAS

Falando em poço, a obra do francês Jean-Léon Gérôme *A verdade saindo do poço*[35], de 1896, traz um significado tão real daquilo que muitos escolheram ser e consequentemente a esse transtorno de identidade que vivemos hoje no mundo.

Segundo a lenda do século XIX, a Verdade e a Mentira se encontram um dia. A Mentira diz a Verdade:

— Hoje é um dia maravilhoso!

A Verdade olha para o céu e suspira, pois o dia estava realmente lindo. Elas passam muito tempo juntas e chegam ao poço para se banhar. A Mentira diz a Verdade:

— A água está muito boa, vamos tomar um banho juntas?

A Verdade, desconfiada, testa a água e descobre que de fato a água está muito boa. Elas tiram a roupa e tomam banho.

De repente, a Mentira sai da água, veste as roupas da Verdade e foge.

A Verdade, dando conta do que ocorrera e coerente à sua natureza, se recusou vestir as roupas da Mentira. Por não ter do que se envergonhar, saiu a caminhar pelas ruas totalmente nua.

O mundo, vendo a Verdade nua, desvia o olhar, com desprezo e raiva.

Desde então, a Mentira viaja pelo mundo, vestida como a Verdade, satisfazendo as necessidades da sociedade. Porque, para os olhos de muita gente, é mais fácil aceitar a Mentira vestida de Verdade do que a Verdade nua e crua.

Quem nunca foi pego em uma mentira? Quem nunca mentiu? A verdade é que mentir tornou-se um hábito socialmente aceito. Imaginem o que aconteceria com as relações sociais se não houvesse mentiras? Seria uma tragédia pessoal.

Quem nunca se atrasou e colocou a culpa no trânsito, ou inventou uma desculpa? Quando um amigo pergunta o que achamos dele, e não conseguimos dizer a verdade, por que é mais fácil não saber a verdade do que realmente pensamos? Utilizamos aquela famosa "mentirinha branca" para não decepcionar ou magoar as pessoas. Quantas desculpas damos para manter a nossa integridade intacta?

Nos nossos relacionamentos afetivos, engolimos tantas coisas por não estarmos preparados para dizer a verdade ou aceitar a verdade do outro. Porém, um feedback honesto nos daria a chance de aprender, aprimorar e agir de forma diferente em relação ao outro. Mas até que ponto suportaríamos viver com a verdade nua e crua?

Agostinho de Hipona, em sua obra *De Mendacio*[36], fornece uma classificação de oito tipos de mentiras, das mais graves às menos graves:

1. A mentira contra a doutrina religiosa.
2. A mentira que prejudica alguém de forma injusta, não beneficia ninguém.
3. A mentira que prejudica alguém em benefício de outrem.
4. A mentira contada pelo prazer de mentir.

5. A mentira motivada pelo desejo de agradar.
6. A mentira usada para proteger bens materiais.
7. A mentira usada para salvaguardar a vida.
8. A mentira para conservar a pureza do corpo.

Observamos que Agostinho, ao contrário de outros pensadores, não aceita a mentira de maneira alguma. Ele se opõe a todas as teorias comportamentais existentes que justificam as chamadas "mentiras brancas" ou "mentiras piedosas", que geralmente ocorrem em prol de uma "boa causa" e, por isso, não são consideradas erradas.

Para ele, a mentira sempre causa um dano a si mesmo e pode se agravar, prejudicando outra pessoa. Ele vai além, declarando que o ato de mentir causa danos físicos e, pior ainda, em alguns casos, danos à alma.

Seguidor de Platão, Agostinho não concordou com todas as suas ideias, dado que Platão, em sua obra *A República*, é mais complacente e permite que médicos e governantes mintam em benefício do bem comum.

Quem nunca, ao ouvir a campainha de sua casa, pediu a um de seus filhos para dizer que você não estava? Eu já! Fico pensando no impacto psicológico que causamos em nossos filhos. Pedimos a eles que sempre nos digam a verdade, mas também pedimos para que mintam por nós.

Seria como estar em um "slippery slope" — traduzido como "declive escorregadio", uma expressão em inglês que, ao ser traduzida para o português, pode assumir diferentes terminologias, como bola de neve, efeito cascata, efeito dominó — em relação às ações futuras. É possível que, ao construir pequenas mentiras, sejam criadas mentiras maiores.

O mais importante é não mentir para si mesmo. Aquele que mente para si mesmo e acredita em sua própria mentira chega a um ponto em que não consegue distinguir nenhuma verdade em si mesmo ou nos outros, e, portanto, passa a desrespeitar a si mesmo e aos outros. Ao não respeitar ninguém, deixa de amar e, sem amor, se entrega a paixões e prazeres grosseiros, acabando na total bestialidade de seus vícios, tudo isso motivado pela constante mentira para os outros e para si mesmo.

Quando leio parágrafos tão bem escritos, com uma profunda compreensão da natureza humana, como este de Dostoiévski em sua obra *Os Irmãos Karamazov*[37], meus pensamentos me remetem às experiências vividas por ele, na irresistível e gélida Rússia.

Neste mundo, não estamos destinados a permanecer presos no erro. A todo momento surge a oportunidade de recomeçar. Essa oportunidade se apresentou a um dos discípulos de Jesus, Pedro[38], que o negou três vezes:

> Em verdade te digo que esta noite, antes que o galo cante, me negarás três vezes!". Ao que Pedro respondeu: "Mesmo que tenha que morrer contigo, não te negarei". No entanto, ele negou Jesus descaradamente. Para as três perguntas que lhe foram feitas, respondeu com três mentiras.

As escrituras relatam que ele chorou amargamente, mas ele foi perdoado e teve uma nova chance, disseminando a Verdade que prevalecerá para sempre: o amor de Deus por nossas vidas por meio de seu filho, Jesus.

Para todos aqueles que usaram a mentira para algum fim, a verdade prevaleceu e eles caíram por terra. Como diz o ditado popular: "Mentira tem pernas curtas". Segundo Sócrates, o segredo para a mudança reside em concentrar toda a energia não na luta contra o passado, mas na construção de algo novo. Aristóteles já destacava que o castigo para os mentirosos é não serem acreditados quando falam a verdade. De acordo com Agostinho, a verdade, assemelhando-se a um leão, não demanda defesa. Deixemo-la livre e ela se mostrará implacável, capaz de se defender por si mesma.

Qualquer mentira, seja grande ou pequena, trará prejuízos tanto para os que a praticam quanto para aqueles que são cúmplices dela. Esses prejuízos se estendem até mesmo para aqueles que convivem com pessoas mentirosas.

Nada permanece encoberto neste mundo; por mais tempo que demore, a verdade sempre será revelada. Se a campainha tocar para você, que é adepto da mentira, atenda — sua vida se tornará muito mais leve.

Afinal, um mentiroso tem muito trabalho para sustentar sua mentira. Sêneca[39], o grande debatedor de Roma, já dizia: "*Veritas in omnem sui partem eadem est*", a verdade é sempre a mesma em todas as suas partes. Em outras palavras, a verdade é consistente.

Capítulo VII

SENTIMENTOS QUE CLAMAM

C.S. Lewis[40] nos deixa um bom conselho: "Se você está no caminho errado, voltar atrás significa progresso".

Afinal, caro Lewis, o caminho errado não nos levará a lugar algum. Quero dizer: levará. Ou seja, o caminho errado nos destruirá por completo, ou então nos fará retornar ao ponto de partida até aprendermos o correto.

Há pessoas que já foram registradas no Guinness Book[41] e não aprendem. Recebem golpes da vida e continuam sendo as mesmas pessoas. Então, vem aquela frase que uso todos os dias para nunca esquecer: "O que se planta, se colhe". E veja só! Essa colheita vem em dobro.

Sêneca nos orienta a demonstrar humildade ao sustentar nossas palavras e ações.

Como aprender a seguir o caminho correto se você não examina sua própria vida? É bom quando sabemos reconhecer o erro e temos a humildade de voltar atrás e tentar fazer de maneira diferente. Admiro pessoas assim.

Pessoas que pedem perdão, que tornam a vida do outro mais leve, que se alegram com as conquistas alheias, que sempre têm uma palavra gentil nos momentos difíceis. Que pessoas como essas habitem mais a Terra.

Por sua vez, a incoerência humana e seus desejos justificados vagueiam sorrateiramente, clamando pelo bem comum. Mas que bem é esse que não traz sustento para os seus semelhantes? A velha armadilha da boa intenção se disfarça, escondendo o fato de que na realidade o bem que querem é para sua própria satisfação.

Recentemente, deparei-me com uma notícia que, para minha surpresa, me deixou estarrecida. Embora não devesse, uma vez que nosso país está constantemente envolvido em situações bizarras e exageradas, o pior de tudo é que nós, passivamente, permitimos que essas "pessoas" façam o que bem entendem.

A explicação para essa incoerência vem com a seguinte pergunta: imagine-se como um político de uma certa cidade, com o "sonho" de conhecer um artista famoso. Agora, imagine que você tenha a possibilidade de contratá-lo com dinheiro público para se apresentar em um evento específico, pagando um cachê altíssimo. No entanto, você está ciente de que sua cidade tem prioridades a serem atendidas em diversos setores, em benefício da sociedade. O que você faria? Contrataria ou não o show?

Adoraria ouvir sua resposta, porém, sei que não é possível. Espero, de todo meu entendimento, que busca ser racional e lógico, que você tenha respondido que as prioridades das pessoas da sua cidade são mais importantes do que pagar milhões por um artista que ficará, no máximo, duas horas cantando e logo irá embora, e saindo dali não se lembrará de sua existência.

Que tal você entender que realizar esse tipo de sonho de algumas pessoas é bastante insignificante em relação à satisfação de milhares de pessoas que precisam desse recurso para sobreviver? Enquanto alguns morrem por falta de assistência médica, por desastres ambientais, com crianças sofrendo com alimentação e educação precárias etc., os famosos "deslumbrados" ostentam nas redes sociais suas extravagâncias exageradas.

Vamos acordar para a realidade, pessoal.

Infelizmente, as justificativas daqueles com poder prevalecem em detrimento das necessidades dos outros. O espetáculo da incoerência e dos desejos justificados deve continuar. Porque a noção básica de missão, que é oferecer conforto e segurança aos habitantes, se perdeu. Na sociedade pós-moderna, conforme descrito pelo sociólogo Zygmunt Bauman, tendemos a negligenciar valores fundamentais como amor, amizade, sentimentos e a busca pela excelência no trabalho. O que frequentemente consumimos ou adquirimos são simplesmente paliativos morais que tranquilizam os escrúpulos éticos. Bauman ressalta que a desintegração da solidariedade é minada por relações efêmeras na pós-modernidade, levando os indivíduos a enfrentarem questões mais graves.

Admiro as publicações de Bauman — ele, com a mão no queixo, e o olhar surpreso, observando um casal de jovens jurando amor eterno. Seu olhar se tornou icônico, pois ele sabe que existe uma relação sem compromisso e frágil. Em breve, os parceiros serão trocados e esquecidos, como se nada tivesse acontecido.

É claro que a frase adequada seria aquela famosa: "Vamos para frente, pois atrás vem gente". Bauman identifica isso como amor descartável. O amor agora é medido até quando é útil. Depois disso, só resta o descarte. Que tristeza.

Consigo imaginar a expressão de Shakespeare ao ver os apaixonados de hoje. Se quiserem uma dica: "O amor só é amor se não se curva aos obstáculos e não se abala frente às adversidades... ele é eterno, capaz de resistir às tempestades sem nunca se abalar"[42].

Atualmente, a diversão é essas "ficadas". Fico com alguém hoje, amanhã com outra pessoa, depois de amanhã com mais uma. Assim, a lista de "ficantes" aumenta a cada dia. Fico me perguntando: como será quando alguém encontra seus "ex-ficantes" em um mesmo lugar? Fica tudo meio confuso — concorda, pessoal? As pessoas estão literalmente sem critério.

Quando a troca de "nudes" banaliza a beleza do amor.

Falando em nudes, preciso perguntar: quem em sã consciência envia nudes para alguém? Não faça isso, pessoal. Pare de ter taquicardia só de imaginar suas nudes circulando por aí, e você com cara de bobo.

Parece que estamos vivendo em um mundo invertido. O que é certo se tornou errado e o que é errado se tornou o que é certo. A confusão mental se instalou como um tornado, levando a noção do povo para longe.

Passa-se do sagrado para o profano, de um extremo ao outro em questão de segundos. Isso significa que nossa imaginação está em constante mudança, assim, a tal noção vai enfrentando seus altos e baixos. Seria como o post que li: "Acorde arrependido, mas não durma com vontade". Assim, vamos sacrificando nosso corpo aos desejos e o tal "Fitafuso", com sua forcinha costumeira, nos diz que nada é errado se te faz feliz.

De vez em quando, me pergunto por que Deus não anula a vontade humana? Mas sei que Ele não o fará. Não é da sua natureza tentar alguém a algo, Ele é extremamente respeitoso. O que Ele faz é estender suas mãos quando permitimos, ensinando-nos como devemos andar em unidade com Ele.

Já me questionei várias vezes por que é mais fácil guardar tristezas do que alegrias. Por que minha mente só pensa em coisas ruins quando poderia pensar em coisas boas? Por que temos dificuldades em compartilhar com as pessoas aquilo que nos machucou? Talvez seja o medo de aceitar quem realmente somos, com nossos erros, nossas inseguranças e dúvidas. Podemos abandonar o egoísmo em relação a nós mesmos e aos outros, dando-nos a oportunidade de sermos melhores e permitindo que o outro faça o mesmo.

É preciso começar nossas conversas expressando o que sentimos, quais são nossas necessidades diante de uma determinada situação, em vez de começar apontando julgamentos e erros. Somente assim a comunicação será efetiva. Ao nos permitirmos ser vulneráveis ao expressar nossos sentimentos, ajudaremos a resolver qualquer questão.

Qual foi o motivo que criou tanta necessidade de levar uma vida superficial? Por que é tão difícil demonstrar fragilidade e sentimentos genuínos? Por que precisamos responder mesmo quando não sabemos a resposta?

"Fingir", essa é a palavra exata para se esconder; fingir que sabe, que é forte, que tem uma vida perfeita, que tem uma família perfeita, para não ser excluído do jogo. Virou uma regra ser aquilo que os outros querem que sejamos.

É o fim de jogo para pensamentos tão limitantes como esses. É possível fazer diferente.

A falsidade sempre irá esconder e definir alguém que você não é, não te dará a oportunidade de crescer e se tornar alguém melhor para si mesmo. Só para avisar, as pessoas acabam percebendo mais cedo ou mais tarde. Descobri que, se formos capazes de falar sobre nossos sofrimentos sem máscaras e sem culpar ninguém, até mesmo outras pessoas que também estão sofrendo podem ouvir nossas necessidades.

Pessoas que se deixam afetar e se preocupam demais com a opinião dos outros precisam estar no centro das atenções o tempo todo e, pior, agradando o tempo todo.

Estar expostos a certas situações nos proporciona a oportunidade de enfrentar desafios de frente, sem medo. Ao conhecermos as fragilidades possíveis, buscamos o aprimoramento. Isso tem acarretado consequências psicológicas graves nas pessoas, ao ponto de presenciarmos indivíduos desistindo de viver e tirando suas próprias vidas. Até que ponto alguém consegue viver sob essa avassaladora pressão?

"Qual é a utilidade que estou alcançando para a minha alma?", é um questionamento de Marco Aurélio em seu livro *"Meditações"*[43]. Em cada ocasião, devo me questionar isso e investigar para descobrir os pensamentos que habitam a minha mente e o tipo de comportamento que minha alma apresenta agora.

Aqui, faço uma pausa. Acredito e continuarei acreditando que os filósofos e escritores do passado, como Dostoievski, Marco Aurélio e outros, que por meio de suas reflexões desvendam as profundezas da alma humana, foram inspirados não por um panteão de deuses, mas pelo próprio Deus.

Às vezes, precisamos parar, ficar a sós com nós mesmos e descobrir em nós a melhor maneira de conduzir as coisas — e deixar o amor florescer — para podermos nos amar. Até que isso aconteça, não teremos condições de gerenciar nossas emoções, avaliar nossos sentimentos, pensamentos ou descobrir nossa verdadeira essência.

Estar sozinho é o momento em que a realidade ecoa como um sino ressoando forte em nossas mentes. A orientação perspicaz de Sócrates ressoa ao afirmar que uma existência desprovida de reflexão não possui o devido valor para ser vivida

Por isso, as fugas são abundantes. As armadilhas das redes sociais são uma tentação irresistível, distração que impede uma reflexão genuína de nosso próprio eu. O poder da influência social e as suas estratégias têm condicionado as pessoas a seguirem comportamentos estranhos, inconscientemente pressionadas a atender às demandas sugeridas.

Assim é como os chamados influenciadores e figuras de poder agem por meio das redes sociais, martelando incessantemente com suas opiniões e atitudes, até que desenvolvamos em nós uma consciência pronta para atender às suas vontades. Mesmo que você não queira, acaba agindo conforme o que lhe é oferecido para não ser contra e excluído.

A geração que busca respostas nos porões da existência diante de tantos desejos inacessíveis se tem pressionado constantemente por metas, padrões estéticos e comportamentais que são humanamente inalcançáveis.

Não é de estranhar que frequentemente jovens sintam-se fracassados diante do que desejam alcançar. Muitas vezes não encontram em si mesmo meios para tais objetivos. Criam, assim, expectativas em pessoas, projetos, promessas — e quando não acontecem se frustram, pois esperar que as coisas aconteçam com o tempo é um tempo longo demais.

Pessoas ocupadas demais despendem toda a sua energia em seus negócios, profissões, acreditando que apenas suprir financeiramente sua família seja a principal tarefa a se fazer. Sabemos que nem tudo se resume ao dinheiro.

Existe vida que pulsa por trás de tudo que é perceptível aos nossos olhos. O ser humano não é mecanizado. Não são máquinas que colocam moedas e voltam a funcionar. A coisa não funciona assim. Precisamos parar de achar que se pode comprar tudo e todos. Há coisas que o dinheiro não vai comprar.

Chegará o momento em que a vida exigirá que enfrentemos certas situações com maturidade. Se não termos essa maturidade, o que encontraremos será desespero. Os avassaladores sentimentos estarão lá, percorrendo nossa mente e nosso corpo esperando uma resposta. Já experimentei esses avassaladores sentimentos algumas vezes. São realmente angustiantes e difíceis de lidar. Acabamos tão mergulhados neles que preferimos nos esconder de tudo a ter que os confrontar.

Seria como nas palavras do escritor inglês Robert Louis Stevenson: "Todo mundo, mais cedo ou mais tarde, se senta para um banquete de consequências"[44]. Com o passar do tempo, aprendemos que não estamos sozinhos nessa vida, e que, além de todas as consequências de nossas ações, existe um ser único, Deus, que nos instrui e não está desligado da nossa realidade.

É possível, sim, buscar Nele força para seguir adiante, mesmo que ao meu redor só haja ruínas.

Capítulo VIII

CONTINUANDO A SAGA DAS COISAS ESTRANHAS

Rir dos absurdos postados nas redes é inevitável.

Uma das coisas que me fez rir foi um desenho de um menino com o rosto todo branco e um sorriso travesso, com a frase: "Se o zumbi está morto, então ele é a prova morta de que alguém morto pode ser a prova viva de que há vida após a morte. O quê?".

Os zumbis são os vivos -mortos que seguem as orientações midiáticas: faça! Você pode! O ideal é isso — aquilo! Seja assim — e não assim! Tenha isso — aquilo! Ganhe dinheiro rápido! A moda agora é essa — e não aquela! Você precisa emagrecer! Você precisa fazer exercícios! Coma isso — vomite aquilo! Assim se instala a paranoia, formando as tribos do nosso monstro contemporâneo, o efeito manada.

Os zumbis, submetidos à compulsão, não têm espaço para a reflexão. Estão acostumados a comportamentos repetitivos, voltados para o seu mundo interior, totalmente alheios ao que está acontecendo ao redor. Arriscam-se a seguir opiniões aleatórias de forma irracional, sem analisar fatos ou fundamentos. É uma geração que se individualiza no consumismo e se tribaliza nas ideias.

Em outras palavras, eles não procuram viver suas próprias ideias, mas sim adotam ideias que os conectam a um determinado grupo. Acreditam e confiam cegamente em tudo o que a tribo ordena e são canceladas se discordarem das ideias do grupo a que pertencem.

Você já ouviu a expressão: "Olha apenas o próprio umbigo". Certamente, o buraco é sempre mais embaixo em tudo que é concernente à vida.

O panorama da humanidade hoje seria aquele em que vemos um grupo de adolescentes viciados em seus celulares. Fascinados, por horas a fio, em seus jogos destrutivos, nem percebem se é dia ou noite. Mas isso não importa, pois suas famílias também estão conectadas.

Quem poderia imaginar que, ao nos reunirmos à mesa para uma refeição, não seríamos capazes de fazer contato visual com a pessoa à nossa frente, não interagindo mais com a troca de experiências diárias. Tudo isso porque estamos muito absorvidos pelo que é postado na mídia.

Foi curioso o que presenciei recentemente em um desses restaurantes de fast food. Fiquei ali por cerca de uma hora. À minha frente, estava um casal de namorados, eu sabia disso, pois eles eram conhecidos da minha filha — caso contrário, nem de longe eu diria que eram namorados. Durante o tempo em que fiquei ali, eles não trocaram sequer uma palavra. O rapaz só tinha olhos para a tela do celular, e a moça também. De vez em quando, a moça dava uma olhadinha para ver se o namorado queria interagir. Mas nada. Ele estava bastante ocupado interagindo com o aparelho, então ela voltou a se ocupar com o aparelho dela.

Eu fiz a mesma expressão surpresa de Bauman na lanchonete. Tipo assim: "isso é o significado de sair de casa e sentar à mesa para compartilhar um jantar?"

Eu sei que algumas pessoas estão pensando: "mas isso não é da sua conta? Não, não é". Ainda estou no processo de aprendizado de observar sem julgar. Que Deus me ajude.

"Quem mais acha que vai morrer jovem pra caramba?"

O influenciador digital Cooper Noriega, de 19 anos, protagonizou mais um episódio que reflete a tendência dos jovens de hoje: agir por impulsos, muitas vezes sem avaliar as consequências. Com uma expressiva base de quase dois milhões de seguidores nas redes sociais, sua trágica descoberta sem vida ocorreu em um estacionamento de um shopping em Los Angeles. Não foram identificados sinais de crime, uma vez que não havia evidências de marcas de agressão. Esse evento destaca, mais uma vez, a complexidade da juventude contemporânea imersa na dinâmica das redes sociais.

No mesmo dia de sua morte, ele havia publicado um vídeo em um aplicativo com a legenda: "Quem mais acha que vai morrer jovem pra caramba?".

Dessa geração que vive de forma imediata e superficial, esse é o tipo de frase que, queiramos ou não acreditar, influencia muitos jovens a imitar esse mesmo comportamento. Quase 2 milhões de seguidores é um número considerável. No entanto, dos milhões, quem irá chorar ou comparecer ao funeral? Porque, devido à velocidade das coisas, amanhã ninguém mais se lembrará dele. Como dizem, "a vida continua". Assim como construiu sua tribo de seguidores, após sua morte, será esquecido como se nunca tivesse existido. É com essa indiferença que vidas estão sendo tratadas. Que o exemplo desse jovem seja o que não se deve fazer com a vida.

O exemplo desse jovem serve como um alerta sobre o que não se deve fazer com a vida. Construiu uma tribo de seguidores, mas após sua morte, desaparecerá da memória coletiva. É com essa indiferença que muitas vidas estão sendo negligenciadas. No entanto, essa trágica situação destaca que, apesar dos desafios, a vida ainda mantém seu valor e merece ser vivida.

O ditado "Se lhe derem um limão, faça uma limonada" pode parecer simplista diante de certas situações difíceis. No entanto, reconhecemos que, embora algumas circunstâncias não sejam fáceis como fazer uma limonada, também não são impossíveis de serem enfrentadas. Se a abordagem direta não for viável, busque alternativas. O importante é seguir em frente, mesmo diante das adversidades

Administrar nossas vidas, lidar com quem somos, não é uma tarefa fácil. Diariamente enfrentamos batalhas internas para nos compreendermos e compreender os outros. Há momentos em que sequer conseguimos lidar com nós mesmos, quanto mais com os outros.

Ao tentar agradar o outro, nos reduzimos ao que o outro gostaria que fôssemos. É nesse momento que nos esquecemos de quem realmente somos. Perdemos nossa essência e é fundamental identificar onde somos verdadeiros e lutar por nossa autenticidade.

Essa luta é pessoal e diária.

No entanto, acredite, em todos os momentos bons ou ruins da nossa vida, sempre haverá alguém por perto para nos apoiar ou se alegrar com nossas vitórias. Pode ter certeza.

Porém, atenção! Existem aqueles que conhecem nossas fraquezas e fragilidades, os "trabalhadores do Fitafuso", prontos para o ataque. Afinal, existem pessoas e pessoas. É aí que precisamos conhecer nossos limites. Devemos estabelecer limites para nós mesmos e para os outros. É fundamental saber até quando podemos suportar, nos doar e ajudar.

Excessos são sempre excessos, e removê-los de nosso convívio será sempre um bom ponto de partida. Por exemplo: fazer uma seleção daquilo que nos faz bem e daquilo que nos faz mal.

Os vampiros estão à solta. São pessoas que convivem conosco e destroem nosso equilíbrio emocional. As notícias diárias que lemos, ouvimos, que perturbam nossa paz, nosso sono e intensificam nossas emoções de forma negativa, afetam direta e indiretamente nosso estado emocional.

Quando não conseguimos expressar ou demonstrar o sofrimento emocional, nossa mente cria maneiras de aliviá-lo. Maneiras como automutilação, bater a cabeça na parede, arrancar cabelo, evitar que uma ferida cicatrize; a lista continua com tantos outros hábitos que nem imaginávamos que existiam.

Aliás, nem é preciso ir muito longe para falar sobre isso: quando eu era jovem, tinha um hábito notório de arrancar cabelos avidamente, sem medo algum, além disso, eu consumia sal em excesso, tanto que minha boca ficava cheia de feridas. Conheço jovens que não têm mais sobrancelhas, em momentos de tensão, arrancam tudo sem pensar no amanhã. Também conheço aquelas com cicatrizes nos braços, devido à automutilação. Isso acontece como um meio de extravasar a carga emocional contida, seguidos por um sentimento de alívio.

Por experiência própria, quando as emoções estão descontroladas, a razão perde sua capacidade de nos guiar rumo a uma decisão segura. E frequentemente, em nossas escolhas ou ações, as emoções têm uma influência maior do que a razão.

É importante falar! Porque não precisamos ficar aprisionados a nenhum sentimento. Não se machucar mais significa colocar o medo de lado e expressar o que nos machucou ou ainda nos machuca. Ser protagonista da nossa própria história é decidir o que permanece e o que sai de nossa vida, é algo simples assim, na verdade, não tão simples assim, uma vez que temos uma tendência a focar nas coisas ruins. Contudo, como costumo dizer, é possível ser diferente.

Erasmo de Rotterdam, humanista do século XVI, escreveu, por meio de uma sátira, sobre a tensão entre a razão e a emoção. Segundo ele,

> Júpiter conferiu muito mais paixão do que razão, pode-se calcular a proporção de vinte e quatro para um. Ele colocou duas tiranas furiosas em oposição ao solitário poder da Razão: a ira e a luxúria. Até onde a razão prevalece contra as forças combinadas dessas duas, a vida do homem comum deixa muito claro". A razão faz a única coisa que pode e berrar até ficar rouca, repetindo fórmulas de virtudes, enquanto as outras duas mandam para o diabo que a carregue, e tornam-se cada vez mais insultantes, até que por fim sua Governante se exaure, desiste e rende-se.[45]

Evito dar conselhos, pela seguinte razão: "Se conselho fosse bom, não se dava, se vendia". No entanto, buscar ajuda e descobrir a origem da raiva contida, excessos emocionais, ajudará a superar esses hábitos e outras questões também. O silêncio alimenta os vampiros emocionais. Falar nos liberta. Nosso coração não é um depósito de lixo, e todo depósito de lixo precisa ser esvaziado.

Se as flores, de uma beleza tão frágil, tão delicada, são corajosas o suficiente para se abrir em um mundo que pode ser cruel, o que dizer de nós, que temos muito mais chances de sobrevivência do que elas?

Capítulo IX

VIVENDO E SEMPRE APRENDENDO

Sempre haverá alguém em uma situação pior que a nossa.

Sempre teremos a oportunidade de agradecer, mesmo que seja por um pedaço de pão. Sempre mostrei aos meus filhos a dura realidade da vida e até hoje eles brincam repetindo a frase que eu costumava dizer: "Não reclamem da vida, há pessoas em situações bem piores que a de vocês". Ou quando contava as histórias tristes de crianças desnutridas na África, que desejavam comer qualquer coisa, mas não tinham.

Ninguém tem o direito de se matar, nem a si mesmo nem a outra pessoa. No entanto, sabemos que existem pessoas no mundo cuja realidade nos levaria a pensar que não vale a pena viver.

O mais incrível é que são essas pessoas que nos mostram como viver. Por não terem nada, elas encontram a alegria de viver nas coisas simples. Enquanto aqueles que têm tudo estão tirando suas próprias vidas porque não conseguem encontrar ou não foram ensinados a serem gratos.

Há algum tempo, conheci a história de Mafalda Ribeiro[46], uma portuguesa notável, apesar de medir apenas 0,97 cm de altura. Ela nasceu com uma doença óssea que a fez quebrar seus frágeis ossos mais de noventa vezes.

Ela sente dores constantes, mas irradia otimismo e esperança. Uma vez, enquanto estava em um elevador, ouviu alguém dizer: "Seria melhor se Deus a levasse". Em uma entrevista, ela disse que não se sente como um acidente do universo. "Transformei minhas fraquezas em forças". Perguntaram a ela como seria isso de transformar fragilidades em força?

Reconhecer a necessidade de ajuda é, segundo ela, a maior demonstração de vulnerabilidade. Muitos optam por suportar em silêncio e enfrentar seus desafios solitariamente. Ela destaca que suas limitações não determinam seus horizontes. Em relação às dores persistentes nos ossos, expressa gratidão por elas, simplesmente por não ter controle sobre sua presença. No entanto, enfatiza a importância de decidir como lidar com essas dores: em vez de questionar por que estão presentes, questiona qual propósito podem servir.

Mafalda atua como oradora motivacional e se posiciona firmemente contra a exclusão social, afirmando que enfrentar desafios com a convicção de que somos capazes de suportar tudo o que a vida nos apresenta é a chave para nos reinventarmos, nos renovarmos e nos reerguermos continuamente.

Citei Mafalda Ribeiro, mas quantos outros exemplos extraordinários temos no mundo de pessoas que fizeram de sua triste realidade uma transformação de vida?

"Tudo é possível ao que crê"[47], essa frase foi direcionada a um pai que estava desesperado.

Havia um jovem sendo atormentado por um espírito maligno que tentava tirar sua vida. Ele sofria desde a infância, quando o espírito começou a possui-lo, causando-lhe danos físicos, convulsões e debilitando seu corpo. Além disso, o espírito maligno também tentava matá-lo, seja queimando-o ou afogando-o.

O pai desse jovem já vivia há muito tempo nesse sofrimento, desanimado e sem fé. Nesse momento, Jesus estava nas montanhas orando, acompanhado de três de seus discípulos: Pedro, Tiago e João. Ao retornarem, deparam-se com toda a comoção causada pela situação e, ao tomar conhecimento do que estava acontecendo, Jesus adverte: "Onde está a fé de vocês? Acham que vou estar fisicamente presente para sempre? Não posso sair um pouco para orar que a fé de vocês se enfraquece!" Então, Jesus repreendeu o espírito imundo, dizendo: "Espírito mudo e surdo, eu ordeno que saia dele e nunca mais volte". Assim, o espírito maligno deixou o jovem.

Qual é o nosso problema? Por que permitimos que as dúvidas enfraqueçam nossa fé? Quem foi capaz de expulsar o demônio daquele jovem é o mesmo que tornou possível a Mafalda e a todos nós termos esperança, fé, oportunidade de estarmos resistindo nesse momento ao preconceito, a rejeição, a ansiedade, a depressão, ao pânico, a bipolaridade, a excentricidade do egoísmo e a tantas outras coisas que somos acometidos nesse mundo.

O autor da citação é alguém que para o resto do mundo poderia ser considerado louco, assim como para os materialistas, que o negaram e criaram seu próprio mundo ideal, retirando toda a transcendência da vida humana, em que o homem se torna deus de si mesmo. Contudo, esse autor chamado Jesus teve seu corpo dilacerado e foi pregado em uma cruz sem proferir uma única palavra em sua defesa, permitindo que os eventos da história decifrassem seu propósito. Sua missão: carregar todas as nossas dores, sofrimentos, falta de esperança e injustiças, redimindo os pecados da humanidade em seu próprio corpo, para que pudéssemos ter vida. Vida eterna!

Certa vez o jornal *London Times* pediu a alguns escritores que respondessem à pergunta:

"O que há de errado com o mundo?".

Chesterton enviou a resposta mais sucinta:

Prezados Senhores:

Eu.

Atenciosamente,

G. K. Chesterton.[48]

Ele encarava feras como Bernard Shaw, H. G. Wells, Sigmund Freud, Karl Marx e qualquer outro que ousasse explicar o mundo sem considerar Deus e sua Encarnação. Com certeza fracassaremos acreditando apenas em nós mesmos.

Continuando com a saga da desventura humana, fiquei, bem, não sei exatamente como descrever a palavra que definiria minha reação ao ler a notícia de que um elefante havia tirado a vida de uma senhora na Índia. A informação foi confirmada pelo tabloide britânico *Daily Mail* e por outros veículos de imprensa locais. Maya Murmu, 68 anos, estava coletando água na vila de Raipai quando foi pega de surpresa por uma manada de elefantes que veio em sua direção. Ela tentou fugir, mas um dos elefantes tomou a dianteira e a pisoteou. Ela foi levada às pressas para o hospital, mas morreu devido aos graves ferimentos.

Dias depois, a família de Murmu trouxe seu corpo para a casa para os preparativos do funeral, que aconteceria na mesma noite. No entanto, mais um evento incomum ocorreu.

Durante a cerimônia de cremação da vítima, uma manada de dez elefantes surgiu da floresta e invadiu a propriedade, deixando os moradores em pânico. Nesse momento, um dos elefantes atacou o corpo da mulher, pegando o corpo e jogando-o para o ar.

Em entrevista ao *The Times of India*, uma das testemunhas descreveu o momento de pânico:

> Nunca tivemos um bando de elefantes tão feroz antes". E Informações da rede de TV indiana Kanak News indica que a região de Odisha, onde o incidente ocorreu, é palco de tensões entre humanos e elefantes selvagens, por causa de ações de garimpeiros que atuam no local, destruindo florestas, colocando em risco o habitat e a sobrevivência da fauna em busca de recursos naturais.
>
> A vítima fazia parte de um grupo de caçadores que matou o filhote do elefante. E de acordo com a imprensa indiana, o ataque do animal a mulher foi visto como uma forma de retaliação.[49]

O poeta inglês John Donne já os observou em 1600 e escreveu: "Obra prima da natureza, um elefante, a única coisa que é grande e inofensiva".

Sabe aquele ditado: "Você tem memória de elefante". Significa dizer que a pessoa não esquece de nada. É assim que acontece com os elefantes. Isso é explicado cientificamente.

Os elefantes contam com um hipocampo e um córtex cerebral muito desenvolvidos. O hipocampo é uma área do cérebro envolvida com a emoção que grava experiências importantes na memória. O córtex cerebral é uma área do cérebro que auxilia na resolução de problemas.

Eles são incríveis. Além da impressionante memória, eles têm uma extraordinária inteligência usada para a criatividade, o convívio social e a bondade. Eles não lembram apenas de seus companheiros da mesma manada, mas de outras criaturas que tiveram contato. Reconhecem humanos depois de décadas de os terem encontrado.

Porém, sua memória às vezes os prejudica. Elefantes lembram de situações em que viram outros elefantes sendo maltratados ou mortos por humanos e acabam ficando com estresse pós-traumático ou sofrendo, segundo relatos de neurocientistas.

A empatia, o altruísmo e o senso de justiça fazem parte de sua inteligência. O elefante é o único animal, além do humano, que faz rituais para homenagear seus mortos, tanto que realizam rituais diante do corpo de um membro do grupo, como guardar e cobrir os restos mortais.

Pesquisadores do Kenya e do Reino Unido descrevem como os elefantes ficam agitados e demonstram enorme interesse ao se deparar com caveiras de elefantes, o que não acontece quando os ossos encontrados são de outros animais.

Segundo relato, certa vez, um elefante trabalhando em uma empresa madeireira não obedeceu a seu cuidador humano, que queria que ele colocasse um tronco em cima de um local onde havia um cachorro dormindo, mostrando seu senso de ética e o cuidado com os outros.

O ser humano e sua capacidade de destruição continuam trazendo desequilíbrio onde não deveria trazer, pois os elefantes continuam sofrendo com a destruição de seu habitat na Ásia, a caça para retirar o marfim de suas presas na África e maus-tratos em cativeiros no mundo todo.

A natureza tem mostrado ao mundo que estamos equivocados em nossas atitudes e de alguma maneira continuamos cegos, insolentes aos sinais, ou a campainha que está tocando e não queremos atender. Espero que a série Zoo[50] seja apenas uma ficção. Mas e se os animais dessem um basta ao domínio e à opressão dos humanos e resolvessem revidar?

O homem se torna a caça. Como dizia o vô Chico: "Fiinha, a coisa tá feia!".

Capítulo X

A FARSA DO SUPERMAN

Com uma inquietude literal, eu coço a cabeça, passo a mão no rosto, levanto-me da cadeira, volto a sentar e o pensamento que me ocorre é este: teremos a estrutura necessária para enfrentar o que ainda está por vir? E até que ponto teremos sucesso em proteger nossas famílias de tudo isso?

Parece que o alerta foi acionado e ele não para de piscar, indicando um constante estado de perigo. E as pessoas continuam inconscientes dos sinais e do chamado da mudança.

Vou de C. S. Lewis:

> Porque chegará uma época quando as pessoas não suportarão a verdade, mas andarão de um lado para outro procurando mestres que lhe digam apenas aquilo que desejam ouvir. Elas se recusarão a ouvir o que as Escrituras dizem, mas seguirão suas próprias ideias desorientadas.[51]

Você já se perguntou por que o Superman, com tantos poderes, não os utiliza para extinguir o que realmente prejudica a humanidade? Por que ele não mostra ao público a profundidade dos problemas que de fato ocorrem? Como a fome na África, as armas nucleares, os governos ditatoriais, os problemas ambientais, o terrorismo, o tráfico de drogas, o tráfico de órgãos, a pedofilia, a corrupção, a pobreza, entre outras coisas.

A história nos leva a acreditar que os problemas da sociedade são os roubos, os incêndios, os alienígenas que querem destruir nosso planeta, e não as outras coisas. Que tudo ficará bem, e que não precisamos nos preocupar. São esses valores, colocados como ideais, e que incentivam as pessoas a lutarem apenas o que é de interesse delas.

A maquiagem é o artifício que esconde a decadência por trás do sistema. Superman é parte desse sistema. Age dentro dele, seguindo suas normas, para mantê-lo. A produção das histórias do Superman, com a propaganda, o marketing e outros meios de cultura de massa, persuadiu as pessoas a valorizarem e reafirmarem o atual modelo de sociedade para si mesmas.

Por trás do Superman, há um ser humano retratado como fraco, tolo, covarde, indeciso e desajeitado: Clark Kent. Esse indivíduo não se encaixa nos padrões da sociedade e se distrai com os poderes que o Superman pode oferecer para garantir uma suposta ordem perfeita.

Qual ordem perfeita?

Como diz o velho ditado, "o que os olhos não veem, o coração não sente". O mito do Super-Homem é produzido para o homem que é guiado pelos outros, ou seja, em uma sociedade na qual o outro define o que será vivido, aprendido, acreditado e defendido. O renomado escritor italiano Umberto Eco comenta[52]:

> Esse homem vive em uma comunidade de alto nível tecnológico e uma estrutura social e econômica específica, e a quem constantemente se sugere o que se deve desejar e como obtê-lo segundo certos canais pré-fabricados que o isentam de projetar perigosamente e responsavelmente.

Talvez a publicação que vi possa nos elucidar melhor essa situação: o professor, sentado atrás de sua escrivaninha, orientando seus alunos sobre a avaliação, disse: "Para uma avaliação justa, todos farão o mesmo teste: subir em uma árvore". Entretanto, esses alunos eram um pássaro, um macaco, um elefante, um pinguim, um peixe dentro de um aquário, uma foca e um leão.

A pergunta que surge é: justo para quem?

Isso nivelaria todos usando o mesmo critério. Quantos indivíduos insensatos ainda teremos que suportar com suas ideologias financiadas por aqueles que se consideram divinos e acreditam, em seus pensamentos perversos, saber o que é melhor para as pessoas? Hoje, sentimos na pele o fato de sermos coniventes com as manipulações impostas por homens que lhes concedem liberdade para agir, colonizando nossos corpos, mentes e relações. Eles impõem seus critérios para definir o que significa ser melhor.

Até quando vamos ter que suportar os tais Super-Homens decidindo o que é melhor para nós?

É exatamente o que o Superman defende, a mediocridade de que tudo irá ficar bem, que está tudo sob controle, se nós seguirmos o que é proposto. É como se dissessem: "Dê pão e circo ao povo". Essa estratégia foi usada pelo famigerado César, imperador romano.

Após construir o Coliseu, um local onde promovia espetáculos (Circo), nos quais homens e animais lutavam até a morte de um dos competidores, enquanto o povo assistia ao evento, era distribuído pão para o público presente. O povo, alheio a tudo nesses momentos, esquecia-se de sua miséria imediata, mesmo sabendo que tudo aquilo não mudaria significativamente suas vidas. Sua condição de miséria continuaria a mesma. Contudo, eles viam nesses momentos de entretenimento uma oportunidade de serem "felizes" e, ao mesmo tempo, de saciarem um pouco da sua fome.

É assim que estamos nos distraindo e nos contentando com armadilhas preparadas para nos satisfazer com pão e circo. Talvez não seja a realidade, e sim a imaginação, que a guerra na Ucrânia tenha forçado milhares de pessoas a se deslocarem, pais com seus filhos andando sem rumo, sem ter para onde ir. E as outras crises ao redor do mundo continuam deslocando pessoas, também isso, seja nossa imaginação.

Na Síria, 6,8 milhões de pessoas, na Ucrânia, 5 milhões de pessoas, no Afeganistão, 2,7 milhões de pessoas, no Sudão do Sul, 2,4 milhões de pessoas, Mianmar, 1,2 milhão de pessoas.

É uma realidade ignorada e escondida para nos dizer "que tudo vai ficar bem". Portanto, esperamos que a campainha que toca seja atendida e que permaneçam estas três coisas: a fé, a esperança e o amor. A maior delas, porém, é o amor (1 Co 13:13).

Capítulo XI

UM POUCO DE SABEDORIA NÃO FAZ MAL A NINGUÉM

Ansiamos por alterações na sociedade em que vivemos, no mundo e até em nós mesmos. Buscamos ser melhores tanto para nós mesmos quanto para os outros. Dessa forma, almejamos compreender como as coisas devem ser, sem ignorar nossas próprias percepções. Aqueles que desejam mudança precisam de orientação adequada. Eu procuro, no livro dos Provérbios, datado aproximadamente de 900 a.C., entender de maneira mais clara e direta as complexidades da vida, com o objetivo de evitar a repetição de tantos erros. E ele diz[53]:

> A Sabedoria clama em alta voz pelas ruas, proclama nas praças públicas; brada dos altos muros; a entrada das portas da cidade profere em alta voz o seu discurso: Até quando, ó insensatos, amareis a insensatez? E vós zombadores, até quando tereis prazer na zombaria? E, vós, descontrolados, até quando desprezarás o conhecimento?
>
> Convertei-vos, pois, a minha exortação: eis que derramarei copiosamente sobre vós meu espírito e vos revelarei as minhas palavras. Contudo, visto que vos convoquei ao arrependimento e vós recusaste; porque estendi a mão e não houve quem atendesse; em vez disso, rejeitastes todo meu conselho e não aceitastes a minha repreensão.

> Porquanto, desprezaram o conhecimento e rejeitaram o temor do Eterno, o Senhor, não desejaram receber meu conselho e foram indiferentes à minha advertência!
>
> Portanto, comerão dos frutos de suas decisões e atitudes, e se fartarão de suas próprias elucubrações inúteis. Pois a imprudência dos néscios os matará; e o falso bem-estar dos insensatos os levará a destruição.
>
> Mas, aquele que me der ouvidos viverá em plena paz, seguro e sem temer mal algum! (Pv 1:20-33).

Surpreendente como essas palavras, que datam de 900 a.C., se encaixam perfeitamente na realidade que vivemos hoje: uma realidade perversa, desorientada, fabricada por insensatos e arrogantes que não conseguem enxergar além de si mesmos.

O mundo pertence a todos, e não deveria ser diferente disso.

É uma visão romântica, não acha, minha filha?

Minha visão romântica se desfaz quando me deparo com a notícia de que cerca de cinquenta pessoas foram encontradas mortas dentro de um caminhão perto da cidade de San Antônio, no estado do Texas, Estados Unidos. O corpo de bombeiro informou que os corpos estavam empilhados no interior do veículo.

De acordo com o *The New York Times*[54], todos na carreta estavam tentando entrar de forma ilegal nos EUA. Não se sabe ainda como as pessoas morreram, mas foi registrada uma temperatura de aproximadamente 40 graus. E não havia água no espaço onde as pessoas estavam amontoadas.

Se você lê uma notícia como essa e não lhe causa nenhum tipo de sentimento, procure ajuda imediatamente. Com certeza você saiu dos trilhos do propósito de sentido de vida. Corra, você está em perigo.

Acho melhor voltarmos para o livro de Provérbios. E ele diz[55]:

> Se buscares a sabedoria como quem procura a prata, e como tesouros escondidos a procurares, então, compreenderás o que significa o temor do Senhor e acharás o conhecimento de Deus.
>
> Porquanto é o Senhor quem concede sabedoria, e da sua boca procedem inteligência e o discernimento. Ele reserva a plena sabedoria para os justos; como um escudo protege quem procura viver com integridade, pois guarda os passos do justo e protege o caminho de seus santos.
>
> Desse modo compreenderá bem o que significa ser justo, ter juízo, agir com retidão, e aprenderás os caminhos do bem. Pois a sabedoria habitará em teu coração, e o conhecimento será agradável a tua alma.
>
> O bom senso te guardará, e a plena inteligência te protegerá.
>
> A sabedoria te livrará das veredas dos maus, das pessoas de palavras ardilosas; dos que abandonam o caminho da verdade e trilham os atalhos da mentira e das trevas; que se alegram em praticar o mal e comemoram a crueldade dos perversos, seguem por atalhos tortuosos e se extraviam em suas próprias trilhas (Pv 2:4-6).

Vamos lá, para um bom entendedor, meia palavra basta. Sabemos que estamos constantemente no convívio de pessoas assim: os que enganam, trapaceiam, os que se alegram com o mal, os que pegam atalhos para se dar bem, os que criam seu próprio "sistema" de agir e que acabam destruindo muita gente, os que usam da bondade, inocência alheia e os enganam. Mas, como nada fica encoberto aos olhos de Deus: "Todo aquele que gera maldade concebe o sofrimento e dá à luz a desilusão. Quem cava um buraco e o aprofunda cairá nessa armadilha que fez. Sua maldade se voltará contra ele; sua violência cairá sobre sua própria cabeça"[56].

Capítulo XII

O "MAS" DO MAL

Graças a Deus que sempre haverá o "mas".

Porém, informo a todos que o "mas" pode ser do mal.

Vocês devem estar se perguntando o que é esse "mas" do mal?

"Mas" do mal é o que as pessoas usam de forma sutil para nos envenenar. Frases como estas:

- "Seu cabelo está bonito, mas, prefiro de outro jeito."
- "Bom trabalho, mas poderia ter ficado melhor se tivesse feito de outra maneira."
- "Você é inteligente, mas fulano é mais."
- "Você é muito bonita, mas fulana é linda."
- "Que bom que agora tem um diploma, mas você sabe que a profissão que escolheu não dá dinheiro, né?"

É depois do "mas" que reside a verdadeira intenção da pessoa. Fique atento! Acredito que há anos a campainha dela está tocando, mas ela está se fazendo de surda.

Qual é o problema que essas pessoas têm que não podem deixar de usar o "mas" do mal? Será tão difícil apenas aplaudir a conquista, a beleza, o talento do outro, e está tudo bem por isso?

Talvez aqui caiba uma das fábulas de Esopo[57].

Um leão enfraquecido com a idade estava doente em sua toca, todos os animais da floresta vieram perguntar pela sua saúde, com exceção da raposa.

O lobo achou que era uma boa oportunidade para pagar as velhas contas contra a raposa, então chamou a atenção do leão pela sua ausência, dizendo: "Veja, senhor, que todos nós viemos para ver como você está, exceto a raposa que não se aproximou de você, ela não se importa se está bem ou doente".

Logo depois a raposa chegou e ouviu as últimas palavras do lobo. O leão rugiu para ele com profundo desgosto, mas implorou que fosse permitido que explicasse sua ausência, dizendo: "Nenhum deles se importa tanto com você como eu, senhor, tenho ido aos médicos todo esse tempo para encontrar uma cura para sua doença".

Perguntou o leão: "E posso perguntar se você encontrou uma?"

Respondeu a raposa: "Eu encontrei, senhor, você deve esfolar um lobo e envolver-se em sua pele enquanto ela ainda está quente".

Assim, o leão voltou-se para o lobo e o matou com um golpe de sua pata, para experimentar a receita da raposa, mas a raposa riu e disse para si mesmo: "É isso que acontece quando estimula a maldade".

Moral da história: a maldade também afeta os malfeitores.

Muitos não aprendem com os erros e estão sempre emaranhados em suas atitudes e decisões. Haverá aqueles que aprendem com os próprios erros e, ao admiti-los, sempre terão a oportunidade de seguir em frente. Há aqueles que aprendem com os erros dos outros, tirando como lição o que não se deve fazer. Posso considerar isso verdadeiramente inteligente.

Capítulo XIII

A MARCHA RÉ DA INTELIGÊNCIA

Se há algo que afeta o psicológico humano nos dias de hoje e a inteligência foge dos padrões normais estabelecidos — e ninguém escapa disso — são as seguintes frases:

- Eu te amo
- Comida grátis
- 2% de bateria
- Open bar
- Wi-Fi aberto
- Quero falar com você

A sensação é da alma saindo do corpo.

Etimologicamente, a palavra "inteligência"[58] se originou a partir do latim "*Intelligentia*", oriundo de "*Intelligere*", em que o prefixo "inter" significa "entre" e "*legere*" quer dizer "escolha". Com isso, o significado original desse termo faz referência à capacidade de escolha de um indivíduo entre as várias possibilidades ou opções que lhe são apresentadas.

Sabemos que existem conceitos e definições de inteligência que variam de acordo com o grupo a que se referem. No entanto, os testes de inteligência surgiram entre os séculos XIX e XX, na tentativa de "medir" o tamanho da inteligência dos indivíduos.

Um desses testes foi criado pelo psicólogo francês Alfred Binet (1859-1911), aplicado nas escolas francesas para identificar os alunos com dificuldade de aprendizado. Mas começou a ficar desacreditado quando pessoas com QI baixo tinham muito sucesso na vida profissional. Com isso, surgiram novos estudos que detectaram novos padrões de inteligência.

A história de William Sidis[59], a pessoa mais inteligente que já existiu, mostra claramente que o ser humano é complexo e precisa estar em ou buscar equilíbrio em todas as áreas. No caso de Sidis, o desequilíbrio é evidente em sua história. Aos dezesseis anos, ele se tornou professor na Universidade de Harvard, mas aparentemente não era muito feliz. Aos dezoito meses de idade já sabia ler; aos dois anos aprendeu latim sozinho; e aos três anos aprendeu grego. Aos onze anos, ganhou uma vaga em Harvard; aos dezesseis, se tornou o professor mais novo da instituição. Falava quarenta línguas.

E vamos com os solicitados "mas".

Mas ele se dizia traumatizado pelo passado como criança prodígio e decidiu renegar tudo que lembrasse daquilo. Trabalhou operando máquinas e como chapeiro em uma lanchonete. Para se sentir normal, colecionava miniaturas de bondes; tinha nojo de sexo, fez voto de castidade ainda na adolescência; não gostava de tomar banho. Morreu aos quarenta e seis anos, virgem, de hemorragia cerebral.

Infelizmente o que nos falta é compreensão do todo envolvido diante de certas situações, em que sabemos lidar com partes isoladas e não com o todo. Seria como cuidar de uma ferida que está à mostra, mas não querer saber o que ocasionou a ferida. Trata o aparente, aquilo que não vê não importa.

William Sidis não persistiu em seus objetivos porque suas emoções foram deixadas de lado. Foi um gênio que exploram somente sua genialidade. O que fica é o exemplo de Sidis: para que as crianças prodígios não sejam tratadas apenas como objetos de especulação.

Sei que muitos de nós julgamos a atitude de Sidis. Como um gênio deixa de lado sua genialidade para se tornar uma pessoa comum no meio dos comuns? Me lembrei do desenho do Pink e o Cérebro:

"O que você quer fazer essa noite Cérebro?

"As mesmas coisas que fazemos todas as noites, Pink: tentar conquistar o mundo".

Conta-se que certa manhã o filósofo Diógenes tomava sol sentado ao lado de seu barril. O imperador Alexandre, o Grande, andava por aquelas terras e de tanto ouvir falar no homem que morava dentro de um barril quis conhecê-lo.

Informado de onde estava o filósofo, Alexandre montou em seu cavalo de batalha, pôs-se frente a frente com Diógenes e com este teve o mais memorável de seus diálogos.

Desta forma apresentou-se o general:

"Sou Alexandre o grande, diante de mim prostram-se os reinos, eu sou possuidor de muitas riquezas".

Diógenes sem esboçar sinal algum de surpresa, unicamente respondeu ao general:

"Eu sou Diógenes, e isto me basta".

Alexandre, pasmo com a reação indiferente de Diógenes frente a sua imponência, ainda tentou persuadi-lo, com o pretexto de fazer o filósofo segui-lo:

"Ouvi muito sobre sua sabedoria, e te ofereço metade de minhas riquezas se quiser acompanhar-me".

Diógenes para a surpresa de Alexandre e de todos que estavam presentes, prontamente respondeu:

"De você não desejo nada, quero apenas que saia da frente do meu sol pois estás me fazendo sombra".

Os soldados do temível general ainda quiseram zombar de Diógenes, mas foram censurados por Alexandre que lhes repreendeu desta maneira:

"Não zombem deste homem, pois se eu não fosse Alexandre Magno, eu queria ser Diógenes.

Alexandre então se retirou, deixando em paz o filósofo sem nunca esquecer o exemplo de Diógenes, tendo também a certeza de que estivera diante do mais diferente homem de seu tempo".[60]

"Conquistar", a palavra que fez o ser humano ficar obcecado por um suposto conforto material aos poucos transformou tudo o que é visível para nós, até chegar ao ponto de desequilibrar totalmente a nossa condição como seres neste mundo: material, moral, intelectual e psicológica.

Mesmo sabendo o que realmente importava para a condição humana, Alexandre, o Grande, escolheu ser aquilo que os outros esperavam que ele fosse.

O *"homo faber"*, utilitário, mencionado pelo antropólogo francês Edgar Morin, é aquele que vive constantemente em busca do intangível e se esquece de que cada dia tem seus próprios problemas.

> Do ponto de vista da vida, temos a prosa e a poesia. A prosa da vida são as coisas que somos obrigados a fazer para ganharmos o pão de cada dia. Já a poesia da vida é que nos dá o fervor, a emoção, a exaltação, a beleza, o fato de contemplar o oceano, as gaivotas, as praias. Infelizmente, nossas sociedades são invadidas pela prosa, mas devemos resistir delas em nossas amizades e relações humanas. Poesia na vida é fundamental. A poesia é um aspecto de emoção feliz, que nos coloca no deslumbramento, e no êxtase.[61]

Mais poesia para a vida humana e menos prosa desnecessária.

"Portanto, não se preocupem com o amanhã, pois o amanhã trará suas próprias preocupações. Basta a cada dia seu próprio mal" (Mateus 6:34).

Que Deus nos ajude na caminhada, porque tá complicado.

Afogados em informações, fragmentados em conhecimentos e sem a sabedoria necessária para recolocar as emoções nos trilhos, talvez o nosso maior desafio seja continuar caminhando adiante. Para entendermos melhor o que tem acontecido com o mundo hoje, será necessário desconstruir as ideologias enraizadas em nossa alma.

A sabedoria que precisamos não está na esquina de um boteco e tampouco em experiências aleatórias, e sim na compreensão dessas experiências. Se não pararmos para a reflexão e continuarmos atropelando tudo e todos não encontraremos a melhor maneira para prosseguir na caminhada. Se é que dará tempo para isso.

Vamos de "mas". Acredito que nunca utilizei tanto "mas" em toda a minha existência.

Considerando que tempo é dinheiro, como dizem, e o tempo disponível não é suficiente para nada, e o tempo que não é suficiente para nada, eu priorizo o que é importante, o que é importante? O tempo que tenho para ganhar dinheiro. Conclui-se que não há tempo para encontrar sabedoria.

Se eu preciso encontrar sabedoria para seguir adiante com propósito, mas não tenho tempo, continuaremos vivendo em um mundo, como na série *The Boys*[62], apresentando indivíduos doentes que são adorados por multidões alienadas. Nicolás Boileau, em 1636, já compreendia bem o rumo da humanidade ao dizer: "Um tolo sempre encontra outro tolo ainda mais tolo que o admira. A ignorância está sempre pronta para admirar a si mesma".[63]

Em tempos de inteligência artificial, os problemas da vida permanecem completamente inalterados, sem avanços, pelo contrário, intensificando-se em um assustador processo de idiotização.

Nietzsche, num dos seus momentos epifânicos — enquanto caminhava ao lado do lago de Silvaplana, na Suíça —, se depara com um pensamento e menciona pela primeira vez "o maior dos pesos".

> E se um dia, ou uma noite, um demônio lhe aparecesse furtivamente em sua mais desolada solidão e dissesse: "Esta vida, como você a está vivendo e já viveu, você terá de viver mais uma vez e incontáveis vezes; e nada haverá de novo nela, mas cada dor e cada prazer e cada suspiro e pensamento, e tudo que é inefavelmente grande e pequeno em sua vida, terão de lhe suceder novamente, tudo na mesma sequência e ordem [...][64]

Isso parece um tanto terrível.

Só de imaginar, chega a dar um cansaço na alma.

Ter que ser eu de novo do mesmo jeito? Nunca mais!

Daria umas pauladas nesse demônio.

Caso isso ocorresse, já começaria a desconstruir muitas coisas e faria muitas coisas diferentes do que fiz. Seria mais autêntica, fiel a mim mesma, não permitiria ser manipulada, controlada, amaria mais, abraçaria mais, agradeceria mais. Com certeza, diria muitas coisas que ainda estão engasgadas na minha garganta.

Deus é mais.

Esse pensamento um tanto surreal de Nietzsche nos faz parar e refletir: se soubéssemos que seria assim, que retornaríamos e viveríamos da mesma maneira, sem dúvida alguma, faríamos o melhor para nossa existência.

O filósofo, em seu momento epifânico, abalou a realidade de muitas pessoas, incluindo a sua própria, levando-nos a enxergar a vida como um todo e nos perguntar: o que nos traz sentido? O que nos faz felizes? Que história gostaríamos de vivenciar se precisássemos repeti-la?

Desconstruir, construir, evoluir, ressignificar é necessário. Atribuir um novo significado à nossa realidade, mesmo que tenha nos prejudicado, é ousar transformar algo negativo em positivo. O melhor disso: temos a capacidade de reverter nossa história. Retroceder é um caminho solitário e sombrio, mas definitivamente não é o que desejamos para nós.

Nossa realidade, gostando ou não, acreditando ou não, é esta: "Vocês não sabem o que acontecerá amanhã! Que é a vida de vocês? Vocês são como a neblina que aparece por um curto período de tempo e depois se dissipa" (Tg 4:14).

Capítulo XIV

O SUSTO

Li algo que me surpreendeu, ainda mais vindo de alguém que nunca imaginaria ouvir isso dele. Fiquei chocada e, ao mesmo tempo, surpresa. É nesse momento que tenho a convicção de que Deus existe e renasce a esperança de que o ser humano ainda é capaz de mudar para melhor. Estou me referindo ao famoso boxeador Mike Tyson. Sim, aquele que arrancou um pedaço da orelha de Evander Holyfield em Las Vegas. Em uma entrevista para um podcast, ele disse: "Eu vivi os três melhores anos da minha vida na prisão", afirmou Tyson.

O apresentador, surpreso com a declaração, retrucou: "É interessante você dizer isso, mano, porque você tinha milhões". Mas Tyson rebateu, nocauteando: "Mas eu tinha paz lá...". O apresentador, sem entender, respondeu novamente: "Mas, mesmo ganhando trinta milhões por luta?". O golpe final de Tyson foi certeiro: "Isso não significa nada se você não tiver paz, estabilidade e equilíbrio. Você precisa de sanidade para controlar qualquer aspecto da vida. Deus me deu fama e dinheiro, mas eu não soube lidar com isso".

Sem dúvida, foi o nocaute mais impactante de sua carreira. Ele nocauteou seu maior oponente: ele mesmo. Três anos na prisão foram necessários para desconstruir, construir, evoluir e ressignificar sua existência. Muitos dizem que Deus nos prova para nos aprovar, mas nem sempre somos. Talvez seja mais eficaz ser reprovado do que aprovado. A reprovação ensina muitas coisas e detalhadamente revela quais são as nossas dificuldades latentes, por isso cria possibilidades de corrigirmos a tempo e poder contar uma nova história.

Deus é bom.

É como eu digo, dá para fazer diferente. Bora engatar a primeira, seguir em frente e usar o freio de mão e a marcha ré quando necessário.

Dei muita risada agora porque acabei de ler em um post: "Hoje não temos frases motivacionais; se quiser desistir, desista". Parece que até os chamados equilibrados estão emocionalmente esgotados — eles também se desequilibram por não suportarem a pressão do sistema.

Esse sistema propõe uma fórmula assassina em série que trata o ser humano como objeto e é avaliado por: mérito, produtividade excessiva, resultado, eficácia e competência. E como minha amiga diz: "me economiza, né!" Porque ninguém consegue ser "super" o tempo todo. Ninguém consegue obter resultados o tempo todo.

Quando isso não acontece, nos deprimimos — o que nos leva ao tal mal-estar da nossa geração. Enganamos a nós mesmos. Pensamos, apenas pensamos, que temos o controle de nossa própria existência. Na verdade, somos nós que estamos sendo seduzidos, enganados — é o sistema que controla tudo ao qual estamos inseridos.

Parece que nosso desespero está indo longe demais.

Na relação de decisão e possibilidades, de dar certo ou errado, e até termos consciência do que não é sabido do futuro, são angústias normais que provêm de nós mesmos. Mas a história que estamos vivendo hoje não sabemos como vai acabar.

Existe em nossa sociedade uma determinação de como se deve viver. E vive-se segundo um utilitarismo pragmático, para aquilo que é considerado necessário com finalidades instituídas previamente.

Para tudo tem que ter uma finalidade, desde que você nasce já planejam seu fim. Ou melhor, definem a sua existência do que é ser útil e inútil. É a tal "finalidade" é generalizada para todos. Aí uso a fala da minha amiga: "E onde fica o cada qual com seu cada qual?"

O sistema aperta o botão: final de jogo para aqueles que são considerados "inúteis".

"Quase ocorreu algo semelhante com o "João sem Medo".

João sem Medo é um conto dos irmãos Grimm[65] datado de 1812, que narra a história de um jovem em busca de aprender o significado do medo.

Havia um pai que tinha dois filhos: o mais velho era calmo e habilidoso, capaz de realizar qualquer tarefa, enquanto o mais jovem era considerado tolo, incapaz de aprender ou compreender alguma coisa. As pessoas ao redor previam problemas, e quando algo precisava ser feito, o mais velho sempre assumia a responsabilidade. No entanto, quando o pai pedia ao mais jovem que fizesse algo tarde da noite ou em lugares sombrios, ele se recusava, alegando medo.

Certo dia, o pai disse ao jovem que era hora de aprender a ganhar a vida. O jovem expressou o desejo de aprender a ter medo, pois não compreendia essa emoção. O irmão mais velho sorriu, achando que o irmão mais novo não seria capaz de aprender nada útil.

O pai, por sua vez, suspirou e concordou em ensinar-lhe a ter medo, mas enfatizou que não se vive disso. O sacristão da igreja local ouviu sobre o desejo do jovem e ofereceu-se para ensiná-lo. O pai, esperançoso de que isso endireitaria seu filho, concordou.

O sacristão decidiu assustar João sem Medo e o mandou tocar o sino da igreja à meia-noite. João concordou e, ao subir na torre, deparou-se com uma figura estranha. Ao não receber resposta da figura, João a empurrou escada abaixo, apenas para descobrir que era o sacristão. Isso causou um incidente desagradável, levando João a decidir deixar sua casa em busca de aprender o medo.

João encontrou um homem que o informou sobre um castelo encantado onde poderia aprender a ter medo. O rei prometeu a mão de sua filha e um tesouro a quem conseguisse passar três noites no castelo. João aceitou o desafio e escolheu um fogo e uma faca como seus três itens inanimados.

Na primeira noite, enfrentou figuras sombrias, mas as superou facilmente. Na segunda noite, jogou cartas com seres misteriosos. Na terceira noite, lidou com um caixão contendo um cadáver, aquecendo-o de volta à vida.

Um demônio apareceu e tentou assustá-lo, mas João mostrou ser mais forte e conseguiu obter riquezas do demônio. Ao final, ele se casou com a filha do rei, mas, para sua frustração, ainda não conseguia entender o medo.

Sua esposa, determinada a ajudá-lo, pensou em uma solução. À noite, enquanto João dormia, ela derramou água fria e lambaris sobre ele. Ao despertar com o susto, João finalmente compreendeu o que era ter medo.

Assim, a jornada de João sem Medo, em busca do medo, chegou ao fim com um lambari gelado e a certeza de que aprendera a apreciar o sentimento que tanto ansiava compreender.

Foi assim que João sem Medo expressou, pela primeira vez:
— Que susto! Agora sei o que é me assustar.

Assim, o conto de João sem Medo conclui com um toque de ironia, pois, após enfrentar figuras assustadoras, jogar cartas com seres misteriosos, aquecer um cadáver e confrontar até mesmo um demônio, foi a ação surpreendente de sua esposa que finalmente proporcionou a João a experiência do medo. Essa reviravolta inesperada ressalta a imprevisibilidade da vida e a complexidade de compreender plenamente as emoções humanas.

Que final pessoal! De tudo — de tudo — João sem Medo se assustou com lambaris? Tenho certeza de que vocês fizeram a mesma pergunta.

Mas podemos tirar algumas lições desse "susto" de João sem Medo.

No primeiro momento podemos perceber que João sem Medo não se encaixava nos padrões da comunidade. Todos, até mesmo o pai e seu irmão, não vinham "utilidade" na existência dele. Ele precisava experimentar algo novo em sua vida para que fizesse sentido, no entanto, a narrativa do conto vai até as últimas consequências com ele dizendo "Se pudesse ter medo...".

Nos precipitamos em definir as pessoas pelos padrões estabelecidos, João sem Medo só precisava de um "susto" inesperado para acordar para a possibilidade de surpreender-se. O inesperado chegou para João sem Medo trazendo a possibilidade de uma transformação existencial.

O "susto" trouxe a João sem Medo a possibilidade de experienciar uma nova realidade de vida — para ele, foi conhecer o que é ter medo. Algo que nunca havia experimentado.

Qual foi o seu "susto" que fez com que você se posicionasse diferente com relação à vida?

Existem situações que não imaginamos que iremos passar até acontecer conosco. É o tipo de "susto" que quebra todas as nossas razões de entendimento, mas aprendemos algumas coisas que, se não fosse o "susto", não teríamos aprendido.

Passamos a experimentar uma realidade diferente do que se vivia; estando mais fortes, conseguimos transformar nossa realidade existencial. Passamos a conhecer a nossa verdade, conquistando-a, superando nossos conflitos. Assim ganhamos liberdade de decidir: o que vai ou não nos angustiar.

Capítulo XV

SER: EXIGE CONTINUIDADE

> A angústia é a possibilidade da liberdade. É o medo dessa possibilidade. A angústia é o puro sentimento do possível. Se houver coragem de ir mais além, se constatará que a então realidade, será muito mais leve do que era a possibilidade. E o grande salto será o mais difícil, será cair nas mãos de Deus, será a coragem.[66]

Essa ideia do filósofo dinamarquês Kierkegaard explica que a angústia revela a existência de possibilidades, ou seja, ela nos convida a refletir sobre nós mesmos e nossas próprias capacidades, em vez das expectativas que os outros têm sobre nós. Trata-se de descobrir a verdadeira relação que temos conosco, em vez de sermos simples marionetes cumprindo papéis que foram impostos a nós.

Assim, a forma como lidamos com cada situação pode nos conduzir a uma perspectiva de futuro mais livre. A angústia cria a oportunidade de perceber que o choro de hoje é diferente do choro que ocorreu no momento do "susto".

E isso só acontece quando esgotamos todas as possibilidades de sofrimento. Ao permitirmos sentir a dor. Ao permitirmos a nós mesmos o direito de sofrer. Ao permitirmos chorar. Mas também ao permitirmos retomar o caminho, fazendo as mudanças necessárias, eliminando o que precisa ser eliminado, afinal, excessos sempre serão excessos.

Os excessos inevitavelmente nos empurram para trás. Eles erigem barreiras intransponíveis em nosso caminho, nos impedindo de viver nossa melhor versão — pois é nos excessos que buscamos escapar da angústia existencial. Com isso, nada do que fizermos será suficiente para alcançar a felicidade. Assim, teremos que retroceder quantas vezes for necessário para eliminá-los.

Excessos na racionalidade, excessos nas emoções, excessos na comunicação, excessos no pensamento, excessos no amor, excessos na preocupação, excessos na confiança, excessos na proteção, excessos no trabalho, excessos na alegria, excessos de otimismo, excessos na tristeza. Excessos sempre serão excessos.

Retroceder não é uma maldição — quando conseguirmos resgatar nossa verdadeira essência, encontraremos a possibilidade de redenção. Somos diretamente responsáveis pelo rumo de nossas vidas, pois são nossas próprias escolhas que nos definem, e somos capazes de discernir qual caminho é o melhor a seguir.

É evidente que, quando jovens, vivenciamos constrangimentos e incertezas. A melhor recomendação seria buscar conhecimento — no amor, na dedicação, na bondade, no trabalho —, pois desfazendo dúvidas não se conquista do dia para a noite. Fazer perguntas e obter respostas sinceras sobre nós mesmos nos conduz à descoberta de nossa própria verdade. Enfrentamos diversas batalhas no cotidiano e nem sempre as coisas ocorrem como desejamos. Assim, vamos aprendendo a lidar com as frustrações da melhor forma possível, pois permitir que o vitimismo prevaleça como desculpa para cada situação que passamos significa transferir a responsabilidade pela nossa infelicidade para o sistema ou para os outros.

Podemos ter sido vítimas de algumas situações da vida, mas permanecer vitimizado já é se tornar um gerador de vitimização. É como se tivéssemos uma síndrome que nos leva a sentir a necessidade de sermos vítimas todos os dias, como se fosse um estímulo de uma droga. Enquanto não nos libertarmos desse sentimento — o de se fazer de vítima — nunca seremos verdadeiramente nós mesmos. Não daremos oportunidade de mudar o rumo das coisas.

Colocar a culpa em tudo e em todos sempre será uma resposta fácil, porque, de uma maneira ou de outra, sempre teremos que responder — seja para nós mesmos, seja para os outros, seja para a sociedade. É um ciclo que nos diz todos os dias: não vale a pena lutar, pois já nos estabelecemos como vítimas.

"Não sou o que aconteceu comigo, sou o que escolho me tornar"[67], é exatamente isso, eu posso escolher o que quero me tornar, para mim mesmo, para as pessoas e para o mundo. Posso escolher se vou ou não atender ao chamado da mudança. Atendê-lo é reconhecer nossos erros, enfrentá-los e, assim, trazer luz para novas possibilidades. E tudo isso depende de nós, se queremos ou não atender ao chamado.

Porém, há pessoas que preferem pagar um preço alto por serem irritáveis e desagradáveis. O preço alto é afastar as pessoas que gostaríamos que estivessem ao nosso lado, por alimentar sempre lembranças desagradáveis que tiram a própria paz de espírito.

Existem pessoas que optam por desembolsar um preço elevado devido à ganância. O preço alto consiste em renunciar à verdade, ao respeito e à parceria com o próximo.

Existem pessoas que preferem pagar um preço alto por não perdoar. O preço elevado é conviver com o amargor e se limitar ao amor.

Existem pessoas que preferem pagar um preço alto por continuarem invejosas. O preço elevado é persistir no desejo do que os outros têm e tentar ser como eles.

Existem pessoas que optam por pagar um preço alto por continuarem a reclamar. O preço elevado é conviver constantemente com pessimismo, condicionando a mente a enxergar os problemas de maneira ainda mais intensa.

Tudo em nossa vida será sempre uma questão de decisão.

Superar os limites estabelecidos é dar um salto de fé, de coragem, empreendendo algo significativo para nossa existência. Como disse Nelson Rodrigues: "Aprendi a ser o máximo possível de mim mesmo".

Aprendi que tenho meus limites, por isso devo respeitá-los.

Aprendi que menos é mais.

Aprendi que não preciso agradar a todos.

Aprendi a agradecer as pequenas coisas.

Aprendi que diante da deslumbrante natureza há alguém ainda maior do que ela, que também me torna gigante para enfrentar todos os desafios que são propostos a mim.

Aprendi. Aprendi que é necessário voltar sempre ao centro de nossa existência.

Já repararam quando uma cidade é fundada, o primeiro passo é estabelecer o marco — o centro — em que uma igreja matriz é construída e a cidade se expande a partir daquele ponto. Quando há alguma festividade para recordar, retorna-se àquele centro de onde tudo começou. Esse centro alimenta a identidade, é o que nos conecta a tudo que foi construído. Assim é com o átomo, tudo gira em torno de seu centro, assim é com a célula, o núcleo, tudo gira ao redor dela. Tudo que foi construído tem uma lógica central. Quando as coisas se dirigem para o centro, encontram um sentido de ser e se sentem protegidas, acolhidas, porque ali está sua verdadeira identidade. Assim somos nós, temos nosso centro dentro de nós, nossa identidade, e devemos buscar esse centro constantemente para que nos sintamos protegidos.

Quando enfrentamos grandes sofrimentos, costuma ser mais seguro recorrer ao nosso próprio centro, é para lá que voltamos em busca de segurança e conforto. Nesse caso, foi esse centro que, com muita paciência, me ensinou o verdadeiro propósito da vida — Deus.

Nossa complexidade vai além do presente momento. Somos capazes de sentir saudade do que perdemos, ou até mesmo de algo que nunca tivemos, ou mesmo de algo que nunca teremos. Que nossa reflexão sobre a vida não seja tardia demais.

Portanto, para que não haja falta de sentido ou significado, devemos compreender que a vida transcende a mera materialidade, não se resume apenas a tribulações, contratempos, cicatrizes e caos. A vida tem algo que vai além de qualquer ciência, qualquer condição de existência; ela tem um propósito mais elevado, que encontramos além deste mundo, no sobrenatural, ou, usando o termo clássico grego, a metafísica, algo que ultrapassa a natureza.

No entanto, da destruição, surge a possibilidade, como afirmou Kierkegaard: "Mas como criaturas de Deus, guardamos uma "centelha divina" que nos possibilitaria realizar uma completude"[68]. Essa é a possibilidade para quem transcende a relação com o Absoluto — Deus.

Apesar disso, como seres incompletos e desejosos, e tendo essa conexão com o Absoluto, nosso espírito estará sempre em uma tensão constante. De acordo com Kierkegaard, isso é a "mancha tensa" que o pecado original nos legou: somos seres condenados a viver nessa tensão; somos "espíritos": algo que une o finito e o infinito; o temporal e o eterno. É dessa "mancha"" que surge a consciência da própria culpa, o sofrimento resultante e, é claro, a angústia.

Para explicar essa "mancha tensa", precisamos voltar ao Éden. Adão e Eva foram confrontados com a proibição divina de fazer o que quisessem, exceto comer o fruto da Árvore do Bem e do Mal. Kierkegaard chama isso de uma nova "atmosfera" que surge como uma possibilidade.

Já que Deus não colocou anjos, cercas, muros ou cães de guarda para afastá-los da Árvore, estando ela ao alcance de suas mãos, surge a possibilidade de fazer uma escolha. Como já sabemos, eles violaram a ordem de Deus, trazendo com eles o modo de ser humano e a experiência da angústia — a condição da escolha.

A questão do Éden era bem simples: apenas daquela árvore não deveria comer o fruto. Estava tudo direcionado para o bem--estar deles.

Entretanto, Franz Kafka fala-nos sobre a impaciência: "Talvez haja apenas um pecado capital: a impaciência. Devido a impaciência, fomos expulsos do Paraíso; devido a impaciência, não podemos voltar"[69]. Não vamos culpá-los, sei que o mundo zomba desse acontecimento sombrio no Jardim do Éden. E Eva foi a mulher que recebeu mais curtidas no planeta, carregando sozinha até hoje a culpa. No entanto, para o desgosto de alguns, devo esclarecer que Adão também estava ao seu lado quando o incidente ocorreu.

É incrível que, nos primórdios da existência, já ocorriam falhas de comunicação. No caso, Adão poderia ter convidado Eva para uma conversa franca: "Eva, não sejamos impacientes com um assunto tão sério, vamos conversar e esclarecer algumas coisas antes de decidirmos se comemos ou não esse fruto".

Mas ele apenas olhou para Eva com expressão vazia, a tal cara de paisagem, não fez nenhum tipo de comunicação que pudesse impedir Eva de tomar sua decisão. Ele não utilizou nenhum tipo de comunicação: palavras, gestos, sinais, escrita, mímica, nada. Ficou apático diante de uma escolha que mudaria completamente todo o sentido da vida.

Não houve comunicação.

Sua passividade chega a ser constrangedora. E o que posso concluir é que, no fundo, Adão tinha a mesma intenção e desejo que ela. No entanto, esperou que Eva tomasse a decisão primeiro, para depois dar sua explicação para Deus: "Essa foi a mulher que me deste"[70]. Tipo assim: a culpa também é sua, Deus, nesse processo eu sou apenas a vítima.

Contudo, sabemos que as coisas seriam bem mais descomplicadas para nós se eles escolhessem seguir as orientações de Deus. Assim, não seria tão complicado entender o que é simples entender, não teríamos que renunciar a tantas outras escolhas possíveis, não estaríamos agora com tantos questionamentos buscando o significado da nossa existência.

Mas, como sempre digo, tem como ser diferente.

Com a mente focada na questão da existência, involuntariamente me deparo com um post assim: "Acordei, mas não recomendo". Na publicação, aparece Mafalda desalinhada tentando reagir com uma xícara de café à sua espera. É, Mafalda, há certos dias em que também enfrento essa dificuldade de acordar, especialmente acordar para "ser", algo que acredito não ser fácil para muitas pessoas.

A batalha entre o corpo e a alma para estarmos vivos, conscientes de nossa finitude, de nossa mortalidade, e do fato de estarmos literalmente imersos no caos e que esse caos, precisa ser organizado de alguma forma. Mafalda precisa saber que há uma "centelha divina" dentro de nós.

Passamos a maior parte de nossas vidas preocupados com as pessoas, tentando agradar ou nos preocupando com o que elas pensam de nós, e deixamos de lado o que realmente pensamos de nós mesmos. Damos uma importância exagerada em manter o equilíbrio externo em nossos relacionamentos e deixamos nosso interior de lado, como um estranho que vive constantemente se questionando sobretudo.

Algumas vezes iremos fracassar em nossas escolhas, mas, sabendo quem somos, manteremos a esperança de superarmos os fracassos e nos mantermos confiantes em nossa caminhada.

Se fôssemos suficientemente competentes para plenamente compreender a existência dentro de nós mesmos, mas estamos longe de ter todas as respostas. A "mancha tensa", enquanto estivermos vivos, continuará cumprindo seu papel ao lançar suas piores dúvidas. Dúvidas inconscientes de nossa ignorância sobre o mundo, sobre Deus, sobre as coisas e, enfim, sobre nós mesmos.

Se nossa busca por respostas estiver apenas no mundo perceptível por nossos sentidos, será uma busca por meias verdades, o que resultará em frustração.

Precisamos transcender além do que é compreendido.

O que traz libertação para o homem em seu sofrimento é o "conhece-te a ti mesmo", é a busca pela verdade do que já está dentro de nós. Por isso, Sócrates não se satisfez com explicações superficiais. Seu método, conhecido como maiêutica socrática, que significa "dar à luz" ou "dar à luz o conhecimento", semelhante ao trabalho de uma parteira, exercido por Ferrata, mãe de Sócrates, levava seus discípulos a descobrir suas próprias verdades.

Verdade essa que é latente em todo ser humano. Não existe outro meio de buscar essas verdades a não ser por nós mesmos. Meias verdades não trazem respostas aos conflitos existenciais. Para Kierkegaard, isso só é possível na relação absoluta com o Absoluto — Deus. E esse movimento é produzido somente pela fé.

Acredito que a história de Jó seja conhecida de muitos, ou talvez você se lembre do ditado popular: "Tem que ter a paciência de Jó". Se Jó fosse esperar encontrar respostas diante de seu sofrimento em sua percepção daquilo que lhe era visível, com certeza teria enlouquecido. Até a fala de sua esposa: "Amaldiçoa teu Deus e morre"[71] não fez recuar em sua verdade.

Muitas respostas não encontraremos no nosso mundo visível de regras, normas, deveres, satisfação. Por mais que Jó tivesse sua consciência tranquila em sua conduta, se angustiava por não compreender seu sofrimento. Sendo assim, permitiu ir além de sua compreensão em buscar respostas num encontro com Deus.

Ele teve suas perguntas respondidas e foi gerado nele uma percepção de vida duplamente mais significativa do que ele tinha anteriormente.

Jó conviveu como nós, tolerando as contradições e os conflitos que a existência nos impõe: fragilidades, angústia e desespero. Mas sua persistência em explorar todas as possibilidades de ser descobriu em si a essência primordial do ser humano — a singularidade de "ser", cuja "centelha divina" se manifesta em nós, na tentativa de oferecer algumas respostas, compreendendo o que até então nos era incompreensível.

Jó não se limitava a aceitar migalhas evidentes; ele ultrapassava essas fronteiras. Ao seguir seu exemplo, compreendemos que contentar-nos apenas com pequenas porções jamais nos conduzirá à magnificência de um autêntico banquete.

O paradoxo reside no fato de que somente abandonamos nossa estupidez e ignorância de maneira significativa quando somos profundamente afetados pelo sofrimento. É nesses momentos de impotência, nos quais nos vemos desprovidos de tudo e de todos, que muitas vezes buscamos refúgio na crença em um propósito maior do que nossa própria dor.

Essa perspectiva ressoa com a célebre frase atribuída ao filósofo alemão Friedrich Nietzsche: "Quem tem um porquê, suporta qualquer como". Ela destaca a capacidade humana de enfrentar desafios e superar adversidades quando motivada por um propósito claro e significativo na vida.

Portanto, a busca por significado no sofrimento é crucial, pois, até que o indivíduo consiga atribuir sentido a suas experiências dolorosas, estará propenso ao desespero e, em determinadas circunstâncias, até mesmo ao suicídio. A capacidade de encontrar significado no sofrimento proporciona uma visão mais nítida daquilo que causa angústia em nós, possibilitando uma abordagem mais madura diante das complexidades da vida. Essa compreensão mais profunda não apenas lança luz sobre as sombras emocionais, mas também se revela como um caminho para a resiliência e a transformação pessoal.

A história intitulada "O Buscador", escrita por Jorge Bucay[72], tem o potencial não apenas de proporcionar clareza à nossa visão, mas também de nos auxiliar na reflexão e revisão de alguns aspectos de nossas vidas. Somos conduzidos a explorar os caminhos da busca interior, destacando a importância de seguir as sensações e impulsos que emergem de lugares desconhecidos dentro de nós mesmos.

A narrativa se desenrola quando O Buscador, um indivíduo que eu caracterizaria como um explorador, movido por uma convicção profunda, decide empreender uma viagem até a cidade de Kammir.

Um explorador é alguém em busca, não necessariamente alguém que encontra, tampouco alguém que compreende totalmente o que procura. Simplesmente, é alguém para quem a vida representa uma jornada. Guiado estritamente pelas sensações provenientes de um lugar desconhecido dentro de si, ele abandonou tudo e partiu.

Após percorrer estradas empoeiradas por dois dias, avistou Kammir à distância. Contudo, pouco antes de chegar à aldeia, uma colina à direita do caminho capturou sua atenção. Coberta por um verde encantador, ela ostentava numerosas árvores, pássaros e flores deslumbrantes. Cercada por uma pequena e polida cerca de madeira, uma porta de bronze o convidava a adentrar. Subitamente, sentiu-se desviar do propósito de alcançar a cidade e cedeu à tentação de repousar por um momento naquele local.

Ao atravessar o portal, o Explorador começou a vagar lentamente entre pedras brancas distribuídas aparentemente ao acaso entre as árvores. Permitiu que seus olhos, característicos de um explorador, explorassem o ambiente... e foi nesse momento que notou, em uma das pedras, uma inscrição que dizia: "Birre Tare, viveu 8 anos, 6 meses, 2 semanas e 3 dias". Sentiu-se surpreso ao perceber que aquela pedra não era meramente uma pedra, mas sim uma lápide. Um sentimento de pesar o envolveu ao pensar que uma criança tão jovem repousava ali.

Observando ao redor, o homem percebeu que a próxima pedra também ostentava uma inscrição. Ao aproximar-se para ler, deparou-se com as palavras: Lamar Kalib, viveu 5 anos, 8 meses e 3 semanas. O Explorador ficou profundamente abalado. Aquele belo lugar era, na verdade, um cemitério, e cada pedra representava uma lápide. Todas compartilhavam inscrições semelhantes: um nome e a exata duração da vida do falecido. Entretanto, o que o deixou perplexo foi constatar que até mesmo aquele que vivera mais tempo mal ultrapassara os 11 anos. Consumido por uma dor avassaladora, ele sentou-se e começou a chorar.

O zelador do cemitério aproximou-se, observou-o chorar por um tempo em silêncio e, por fim, perguntou se ele chorava por algum membro da família. "Não, nenhum membro da família", respondeu o Explorador, indagando sobre a natureza do lugar. "Que terrível coisa assombra este local? Por que tantas crianças falecidas estão enterradas aqui? Qual maldição atormenta essas pessoas, levando-as a erguer um cemitério para crianças?"

O zelador idoso sorriu e esclareceu: "Você pode se acalmar, não há tal maldição. O que ocorre é que aqui seguimos uma tradição antiga. Deixe-me contar a você... Quando um jovem completa quinze anos, seus pais lhe presenteiam com um caderno, semelhante ao que eu carrego aqui, pendurado no pescoço. É tradição entre nós que, a partir desse momento, sempre que alguém apreciar intensamente algo, deve abrir o caderno e registrar esse evento: à esquerda, o que foi apreciado, e à direita, por quanto tempo a alegria perdurou. Encontrou sua namorada e se apaixonou? Quanto tempo durou essa paixão intensa e o prazer de conhecê-la? Uma semana, duas? Três semanas e meia? E depois? A emoção do primeiro beijo, por quanto tempo persistiu? Um minuto e meio após o beijo? Dois dias? Uma semana? E a gravidez ou o nascimento do primeiro filho? E o casamento de amigos? E a tão esperada viagem? E o reencontro com o irmão que retornou de um país distante? Quanto tempo foi dedicado a apreciar essas situações? Horas? Dias? Então, escrevemos no caderno todos esses momentos, cada alegria, cada sentimento pleno e intenso... E quando alguém falece, é costume abrir o caderno dele e adicionar o tempo do que foi apreciado, inscrevendo-o em seu túmulo. Pois isso, para nós, representa o único e verdadeiro tempo de vida."

Após a leitura do conto, executei meu gesto usual, quando algo impacta minha razão: ergui as sobrancelhas, alarguei os olhos, deixei a boca cair literalmente em surpresa, enquanto movia a cabeça em concordância sincronizada. É o momento em que todas as vozes da mente se aquietam, e você se dá permissão para questionar: "O que estou fazendo com a minha vida?".

Capítulo XVI

DESGASTE POR NÃO SABER DIZER

DIAGNÓSTICO:

- Surtado
- Deprimido
- Mal-amado
- Mal compreendido
- Inseguro
- Ansioso
- Estressado
- Hipocondríaco

Quem nunca se autodiagnosticou dessa forma? Eu já.

Alguma vez você já desejou poder desconectar seu cérebro para que ele parasse de pensar pelo menos por alguns dias? Eu já. Seria maravilhoso, mas infelizmente não é possível.

O que é possível é ser empático na comunicação conosco e com os outros, sem julgamentos, sem obstáculos, sem questionamentos desnecessários e sem renunciar à nossa felicidade para agradar aos outros. Esses tipos de autodiagnósticos surgem quando não priorizamos nossas próprias necessidades, levando-nos a um estado mental de guerra constante. Afinal, muitas vezes caímos no equívoco de esperar que os outros mudem primeiro, quando na verdade o erro pode estar em nós.

Sou eu que não quero mais surtar, sou eu que não quero mais lidar com ansiedade, sou eu que não quero mais ser mal compreendido, sou eu que não quero mais ser mal-amado, estressado, sou eu. Tudo se resume à maneira como estamos nos comunicando.

Como o ditado que acabei de ler diz: "Se ferradura trouxesse sorte, burro não puxava carroça". Será que tudo não passa de uma questão de ponto de vista? Para alguns sim, para outros não. No entanto, como nos comunicamos com nós mesmos e com os outros é uma questão de decisão.

Seria como o caso do café segundo a teoria de Ariano Suassuna, que afirma não gostar de café, mas continua a tomá-lo por pura falta de personalidade. Ou seja, bebe-o porque dizem que todo brasileiro gosta de café, até que aos 57 anos decidiu parar de tomar café, pois descobriu que realmente não era do seu agrado.

Da mesma forma acontece se soubermos ouvir nossos próprios sentimentos e necessidades, nos libertando de muitos diagnósticos. Quanto mais claro formos sobre o que queremos da outra pessoa e de nós mesmos, mais provável será que nossas necessidades sejam atendidas.

"Minha mãe, você está bem?", indaguei. "Estou", respondeu ela, "mas acabei de fazer uma descoberta difícil de aceitar." "O que aconteceu?", perguntei. "Apenas percebi que mantive ressentimento do seu pai por 36 anos, culpando-o por não satisfazer minhas necessidades. No entanto, agora compreendo que nunca deixei claro para ele o que eu realmente precisava." Esta narrativa é extraída do livro "Comunicação Não Violenta[73]" do renomado psicólogo Marshall Rosenberg. No livro, ele compartilha a revelação precisa de sua própria mãe, destacando, como filho, a ausência de lembranças em que ela tenha expressado diretamente suas necessidades ao pai. Em vez disso, ela optava por insinuações e rodeios, deixando de pedir claramente o que necessitava.

Quantos momentos prazerosos foram desperdiçados ao lado do marido devido ao enfraquecimento de seus sentimentos por coisas não ditas? Consequentemente, os melhores sentimentos se transformam em ressentimentos, raiva, indiferença e nas relações a maioria das discussões ocorre sem nem ao menos saberem o motivo.

Eu detesto cozinhar e todos que convivem comigo têm ciência disso. Ao expressar minha aversão, as coisas ficaram mais leves. Assim, muitas vezes recebo ajuda quando preciso cozinhar. Eles compreenderam que fazer algo por "obrigação" para satisfazer apenas suas próprias necessidades causaria desconforto em nosso relacionamento familiar.

Se eu não tivesse comunicado isso a eles, tenho certeza de que nossas refeições seriam lembradas assim: "Do que ela vai reclamar hoje?" Ou então, chegaríamos a um ponto em que todos arrumariam desculpas para não se sentar à mesa, a fim de evitar ouvir as reclamações. Afinal, quem gosta de estar ao lado de alguém que reclama o tempo todo?

Nietzsche expressou a ideia de que aqueles que se queixam compartilham uma característica comum: atribuem a causa de seu sofrimento a outras pessoas.

Observe uma coisa: é mais fácil compartilharmos coisas que nunca dissemos a ninguém com estranhos do que com amigos, pais, mães, irmãos, maridos, esposas, filhos. Já aconteceu com você de estar em algum lugar e conhecer uma pessoa do nada, e essa pessoa desabafar sem hesitar sobre toda a sua vida? Comigo já aconteceu.

Você apenas escuta, porque não há tempo para dizer nada, a pessoa sente a necessidade de desabafar e depois de contar tudo, diz: "Foi um prazer te conhecer, tchau".

A reação habitual é aquela: mão esquerda na boca e balançando a cabeça de um lado para o outro sem entender nada.

Assim como o bêbado que perdeu suas chaves em um beco escuro e busca por elas embaixo de um poste de iluminação, onde a luz é melhor, mas o que procura não está lá, muitas vezes compartilhamos nossas histórias com aqueles que não têm relevância para elas. A necessidade de contar a história é vital apenas para quem verdadeiramente a compreende.

Num café da manhã durante as celebrações de bodas de ouro, o casal trocava palavras quando a mulher, após passar a manteiga na casca do pão e entregá-lo ao marido, decidir ficar com o miolo. Ela refletia: "Sempre quis saborear o miolo do pão, mas amo meu marido profundamente, então, por cinquenta anos, sempre lhe dei o miolo. Hoje, porém, desejo satisfazer meu próprio anseio. Acho justo que eu coma o miolo pelo menos uma vez na vida".

Para sua surpresa imediata, o marido sorriu radiante e agradeceu o presente: "Muito obrigado, meu amor. Durante cinquenta anos, sempre desejei comer a casca do pão, mas, como você sempre gostou tanto dela, preferi deixar para você!" Essa revelação inesperada revela a beleza da compreensão mútua que permeou o relacionamento ao longo do tempo.

Desenvolver a habilidade de escutar sentimentos é um processo enriquecedor, exigindo sensibilidade, empatia e consciência emocional. Empregar a empatia, ao se colocar no lugar da pessoa, facilita a compreensão de suas emoções, evitando julgamentos apressados e reservando espaço para aceitar seus sentimentos, mesmo em discordância.

O poema *Palavras são Janelas (ou são Paredes)* de Ruth Bebermeyer[74] lança luz sobre essa jornada, proporcionando insights sobre como escutar sentimentos, expressar necessidades e aceitar respostas, mesmo quando desafiadoras Aprimorar a capacidade de escutar sentimentos é um processo valioso que envolve sensibilidade, empatia e consciência emocional. Colocar-se no lugar da pessoa e tentar compreender o que ela está sentindo evita julgamentos precipitados e reserva espaço para aceitar os sentimentos do outro, mesmo que você não concorde.

> Sinto-me tão condenada por suas palavras,
>
> Tão julgada e dispensada.
>
> Antes de ir, preciso saber: Foi isso que você quis dizer?
>
> Antes que eu me levante em minha defesa,
>
> Antes que eu fale com mágoa ou medo,
>
> Antes que eu erga aquela muralha de palavras,
>
> Responda: eu realmente ouvi isso?
>
> Palavras são janelas ou são paredes.
>
> Elas nos condenam ou nos libertam.

> Quando eu falar e quando eu ouvir,
>
> Que a luz do amor brilhe através de mim.
>
> Há coisas que preciso dizer,
>
> Coisas que significam muito para mim.
>
> Se minhas palavras não forem claras,
>
> Você me ajudará a me libertar?
>
> Se pareci menosprezar você,
>
> Se você sentiu que não me importei,
>
> Tente escutar por entre as minhas palavras
>
> Os sentimentos que compartilhamos.

O que de fato temos de importante para dizer uns aos outros? Qual de nossas palavras ditas acrescentou ou piorou a vida das pessoas?

As palavras possuem a leveza dos ventos e a força de uma tempestade, como afirmou Victor Hugo. Elas têm o poder de agir como uma "cura" que alivia a dor, um "calmante" que esclarece e um "abraço" que acolhe. Ao mesmo tempo, podem ser um "veneno" que intoxica, uma "prisão" que confunde e um "ácido" que destrói. Em sua dualidade, as palavras carregam consigo a capacidade de tanto curar quanto ferir, dependendo do modo como são utilizadas e recebidas.

A boca revela o conteúdo do coração em palavras tanto boas quanto ruins. Podemos identificar as pessoas por suas palavras, mesmo que tentem disfarçar. Podemos expressar tudo o que desejamos usando palavras bem pensadas, maduras, que não desumanizam, mas sim constroem oportunidades de sermos melhores.

 Nossas palavras têm o poder de alegrar ou entristecer alguém, por isso é necessário ponderá-las meticulosamente antes de serem proferidas, para evitar arrependimentos do que foi dito. Aristóteles nos aconselha que o homem prudente não expressa todas as suas ideias, mas pondera sobre cada palavra que profere. Essa orientação nos sugere que devemos considerar a desconstrução constante de nós mesmos como um exercício contínuo, sem um prazo determinado, na busca incessante por melhorias.

Capítulo XVII

CONSISTÊNCIA

Consistência vem do latim *"consistentia"*, de *"consistere"*, "ficar junto, manter-se firme", de *"com"*, "junto", mais *"sistere"*, "fazer ficar de pé", uma forma de *"stare"*, "estar, ficar em pé"[75].

"Persistir, mesmo quando desacreditado e ignorado, é a verdadeira vitória, pois para mim, a verdadeira conquista é nunca abandonar o caminho". O pensamento persistente de figuras como Albert Einstein, que valorizam a constância no aprendizado, permanece marcado na história.

Há posts que são tapinhas de luva de pelica em nossa cara.

Aparece um cidadão gritando para algumas pessoas: "O que queremos?" Elas respondem entusiasmadas: "A cura da procrastinação". O cidadão com o punho levantado diz: "E para quando queremos?" Elas respondem: "Amanhã!".

Adiamos para amanhã tantas coisas que deveriam ser resolvidas no hoje. Amanhã pode ser gerada a dúvida: será? Com isso, adiamos ainda mais o que deveria ser feito no hoje.

Os posts sobre os filósofos me fazem rir e ao mesmo tempo fico impressionada com a criatividade do pessoal. Está aí uma coisa que gosto muito, pessoas com senso de humor, que não se chateiam com os problemas do cotidiano, sabem ver o lado engraçado e menos dramático das situações difíceis. Tá aí uma coisa que precisamos aprender: ter senso de humor.

Oi, como está?

Sócrates: Da maneira ideal.

Osho: Com o coração vibrando!!!

Descartes: Bem, penso eu.

Bakunin: De fato estou, e sempre estive, mais certo do que Marx.

Shakespeare: Como quiserem.

Garibaldi: Com mil razões para estar contente.

Proudhon: Estou levantando-me, mas ainda vejo muitos ajoelhados.

Darwin: Me adaptando!

Michel Foucault: Diferente de ontem!

Schopenhauer: Sofrendo, mas tô de boa!

Freud: Me diga você.

Einstein: Em relação a quê?[76]

Percebemos que cada um dos filósofos tem respostas diferentes. Desde a característica física, a maneira de pensar e agir, cada um segue com aquilo que acredita, com aquilo que decidiu ser. Alguns mais otimistas, outros mais pessimistas, aqueles que são mais realistas, mas cada um acreditando estar fazendo a coisa certa.

Entre as diversidades humanas, quem dera se a resposta fosse breve assim, quando perguntamos para algumas pessoas: Oi, como está? A pessoa só espera a pergunta para começar o descarrego.

O arrependimento bate na hora, e o pior, ficamos com raiva de nós mesmos por ter feito a pergunta.

Assim, o mundo é habitado com cada um tendo suas peculiaridades.

Mas a coisa que temos em comum, em que todos se afunilam em um mesmo beco, é quando sofremos golpes em nosso amor-próprio, as indignidades, os abalos em nossa vaidade, quando somos contrariados, nos tornamos em um amontoado de "gentes" todas iguais.

Seria como o espelho da madrasta da Branca de Neve, quando a madrasta pergunta a ele se existia alguém mais bela no reino do que ela. A resposta do espelho dizia que sim, existia alguém mais bela do que ela. A partir daí começa toda a causa do sofrimento. A metade das causas de sofrimento no mundo é por sermos abalados ou contrariados de alguma maneira.

Somos "amigáveis" até não sermos contrariados. Os pontos fracos que escondemos nos trariam a possibilidade de evoluirmos a novos aprendizados sobre nós mesmos, até termos a capacidade de suportar frustrações, em função de um propósito maior.

Dá para ser diferente.

Sábias palavras de Disraeli quando diz: "A vida é muito curta para ser pequena".[77] Nosso tempo de vida no mundo é tão curto e perdemos tanto tempo nos aborrecendo, nos preocupando com coisas insignificantes. Despendemos energia com coisas fúteis que deixamos tirar a nossa paz.

Em *O Banquete*, Platão diz que mal é aquele popular, que ama o corpo mais que a alma; pois não é ele constante, por amar um objeto que também não é constante.

Em um episódio marcante, Rudyard Kipling, renomado autor e poeta britânico laureado com o Nobel da Literatura em 1907, perdeu a compostura e levou a um extremo um desentendimento aparentemente trivial com seu cunhado, Beatty Balestier. Retirada do livro de Dale Carnegie, *"Como Evitar Preocupações e Começar a Viver"*, a narrativa revela que, apesar de uma amizade sólida e uma colaboração profissional, um desacordo sobre terras levou a um confronto acalorado. O incidente culminou em um processo público, resultando na saída definitiva de Kipling e sua esposa da casa que haviam construído nos Estados Unidos. Uma história que destaca como pequenas discordâncias podem gerar considerável perturbação e amargura.

O esperado é que por meio de nossas experiências consigamos vislumbrar o que deve ser corrigido. Correção em nós mesmos e não no outro. E o começo é expurgar segredos que carregam dores, saber falar, calar e ouvir, com isso, o bem que fazemos a nós alcançará a todos que estão a nossa volta. Quanto não perdemos da vida por simplesmente não olhar, ou olhar e não ver que certas situações podem ser mudadas vistas de uma outra maneira?

Recordo-me do encontro com uma jovem mulher que, assim como eu, estava fora de seu estado em uma missão de compartilhar o amor de Deus por meio de ações, seguindo o exemplo de Jesus. Embora ela não esteja mais no Amazonas, onde nos conhecemos, permaneço lá. Nosso primeiro contato ocorreu quando ela retornou ao Amazonas após quatro anos para perdoar o assassino de seu único filho. Ela dedicava seu trabalho no interior a crianças e adolescentes carentes de amor e cuidados, e ela relatava que até mesmo fazer um simples bolo para alimentá-los era motivo de celebração.

Seu filho, com catorze anos de idade, foi tragicamente assassinado por um jovem da mesma idade, em razão de uma disputa por uma mochila. Quando a vi pela primeira vez, percebi em seu semblante uma expressão de sofrimento, mas também uma paz interior que falava por si mesma. Quatro anos após a tragédia, ela compreendia que não podia alterar os acontecimentos passados, e, por isso, decidiu encarar o jovem responsável pelo ato e expressar seu perdão. Talvez, esse ato de perdão tenha libertado a alma daquele jovem da escravidão eterna.

Sem dúvida, a maior missão de sua vida foi demonstrar a esse jovem que ela não se renderia ao sofrimento, pois acreditava em um propósito maior. O perdão para ela significava comunicar ao jovem que é possível ser diferente e que dentro de nós existem recursos interiores surpreendentemente poderosos. Epíteto, filósofo romano, ensinava que o único caminho para a felicidade é deixarmos de nos preocuparmos com aquilo que está além do poder de nossa vontade.

Capítulo XVIII

AS CAMPAINHAS

Algumas pessoas acreditam que a consciência nasce por meio do contraste, permitindo-nos encarar a vida de uma forma diferente. Às vezes, só valorizamos um lugar quando o deixamos, ou reconhecemos o valor de uma pessoa quando a perdemos, ou ainda compreendemos o conforto de viver com certas condições e o perdemos.

Quem nunca disse a famosa frase: "Eu era feliz e não sabia"? Eu já.

Uma das melhores coisas que aconteceram na minha vida foi me deparar com realidades que me fizeram enxergar os contrastes. Lembro-me de uma conversa entre amigas em que debatíamos sobre a nossa paixão por sapatos. Uma dessas amigas compartilhou a causa de sua paixão: "A minha experiência em calçar um sapato só aconteceu quando eu tinha oito anos, pois antes disso não tínhamos condições financeiras para comprá-los".

Imagino, caro leitor, que você já esteja familiarizado com a reação que tive: olhos arregalados, coração apertado no peito, sem saber o que dizer, a mente tentando raciocinar. Foi a hora que a campainha tocou e eu atendi: "Com licença, dona Carla, passando por aqui só para lembrar que por muitas vezes você olhou para uma pilha de sapatos novos e disse que não tinha nenhum".

Não vamos entender nunca a alegria de uma criança quando se depara com um pedaço de bolo simples até não podermos mais comer esse bolo, ou não tivermos mais condição física para fazê-lo ou não termos condição de comprá-lo. Qualquer coisa se tornará alegria para nós se comparada com o nada. Sempre teremos o que agradecer, mesmo que em algum momento acharmos que não temos nada, ainda teremos a nossa vida.

Schopenhauer expressou a observação de que tendemos a pensar pouco sobre aquilo que possuímos, concentrando-nos sempre no que nos falta. O constante foco naquilo que nos falta faz com que acreditamos que somente ao alcançá-lo seremos verdadeiramente felizes, tornando essa lacuna o cerne do sentido da vida. Assim, demoramos a compreender o verdadeiro significado dos valores essenciais.

Tive a oportunidade de usar o transporte público por pelo menos quatro anos consecutivos assim que cheguei a Manaus. A experiência era extremamente desconfortável, pois era a linha mais cheia e sempre entravam muitas pessoas. Raramente eu conseguia um assento. Para ilustrar minha saga no ônibus: em uma ocasião, senti algo picando minha perna e, em pé como de costume, cocei a perna com o pé. No entanto, quando abaixei o pé de volta ao chão, já tinha perdido meu espaço. E olhando para o lado, deparei-me com a expressão zangada do sujeito, cujo pé estava debaixo do meu.

Dentro do ônibus, eu me lembrava todos os dias dos carros que já havia possuído e não conseguia lembrar de um único dia em que fui grata por eles. Pelo contrário, eu estava sempre insatisfeita e queria o modelo mais recente.

Não conseguia entender por que aquilo estava acontecendo comigo. Reclamava todos os dias e as piores coisas aconteciam quando eu estava dentro do ônibus. Na maioria das vezes, raramente conseguia sentar e quando o fazia sempre havia alguém que solicitava minha atenção para um desabafo conhecido. Ouvia inúmeras histórias. E foram esses relatos que gradualmente desmantelaram minhas ideias equivocadas sobre a vida, com a "campainha da mudança" tocando cada vez com mais frequência.

Em certa ocasião, me dei conta de que brigar contra a vida não me levaria muito longe e que reclamar do ônibus não resolveria nada. Naquele ano, já tinha o programa de rádio todas as tardes. Estava na parada esperando pelo famoso ônibus 213, com várias outras pessoas que o aguardavam também.

De repente, surgiu do nada uma pessoa em situação de rua, com um copo na mão, toda desgrenhada, suja, falando compulsivamente. No mesmo instante, um pensamento me ocorreu: "Era só o que me faltava, no meio de tanta gente, essa mulher vir falar comigo." E não deu outra. Além de falar comigo, ela conseguiu derramar o conteúdo do copo na minha calça. E, para completar, se posicionou ao meu lado, abriu as pernas e em pé mesmo começou a fazer xixi, como se não houvesse amanhã. A minha reação já conhecida: olhos arregalados, sudorese, boca seca, glote fechando, cérebro no modo suportar.

Quando vi o ônibus chegando senti um êxtase de contentamento e pensei: "Finalmente vou me ver livre disso". Entrei no ônibus, passei a catraca, e quem eu vejo sentada cheia de xixi no fundo do ônibus? A própria. Ela havia entrado pela porta traseira.

Fiquei completamente paralisada dentro do ônibus, desejando fervorosamente tornar-me invisível enquanto pensava que aquele não era o meu dia. Mas, à medida que me acalmei, a campainha tocou e algo ecoou em meu coração, dizendo que aquela pessoa era tão amada por Deus como eu. Certamente, não gostaria de estar na situação dela nem por um rápido instante.

Os quatro anos de ônibus fizeram toda a diferença em minha vida. O que antes parecia insuportável, agora era visto como essencial para que a mudança pudesse ocorrer.

Existem certos momentos e pessoas que surgem em nossas vidas trazendo consigo a oportunidade de nos tornarmos melhores. Quantas vezes essas oportunidades bateram à porta e não tivemos a disposição de atendê-las? Quantas vezes proclamamos nossa inteligência, mas nos mostramos tão ignorantes em certas situações? Por que, quando se trata de mudar algo em nós mesmos, criamos tantas resistências, mesmo sabendo que isso alteraria o curso de nossas vidas?

Tolstói, um dos grandes escritores de romance, autor de duas das maiores obras já escritas na literatura — *Guerra e paz* e *Ana Karenina*, embora utilizasse as palavras com tamanha maestria que mais pareciam revelações divinas, em sua vida prática, em seu dia a dia, Tolstói não atendeu ao chamado da campainha. Na verdade, ele não atendeu a nenhum toque.

O que quero dizer é o seguinte: Tolstói se uniu em matrimônio com uma pessoa que o idolatrava. Sentiam-se, de fato, tão felizes juntos que costumavam ajoelhar-se e suplicar a Deus que lhes permitisse continuar vivendo em um êxtase tão puro e celestial.

Contudo, a moça com a qual Tolstói se casou sentia um ciúme por natureza. Ela costumava se vestir como uma camponesa e espionar os movimentos do marido, mesmo quando ele estava na floresta. Tinham brigas terríveis. Ela tornou-se tão ciumenta, até mesmo em relação aos próprios filhos, que certa vez agarrou uma carabina e fez um buraco na fotografia da filha. Chegou até a se lançar ao chão com um frasco de ópio próximo aos lábios, ameaçando suicidar-se, enquanto os filhos se encolhiam em um canto da sala, gritando de medo. E o que Tolstói fez? Nada. Ele apenas desabafava com seu diário, jogando toda a culpa das frustrações domésticas sobre sua esposa.

E o que fez a esposa, como vingança? Atenta a tudo, o diário de Tolstói foi descoberto por ela, e suas páginas viraram cinzas. Para revidar cada palavra que o marido escrevera sobre ela, pôs-se a escrever o seu próprio diário, colocando-o como o pior marido do mundo, e ela sendo o arlequim dourado da história.

E qual foi o fim de tudo isso? Cinquenta anos vivendo num verdadeiro inferno, apenas porque nenhum deles teve o bom senso de dizer: "Basta!". Porque nenhum deles se dispôs a atender a campainha da mudança. Desperdiçaram anos de suas vidas entre "guerra e guerra".

A história do almirante Byrd é uma daquelas em que alguém ouve a campainha tocar em um momento crucial, em que tudo está em jogo, sem nenhuma possibilidade, aos olhos humanos, de sair vivo da situação em que estavam. Em 1934, ele passou cinco meses numa cabana enterrada na camada de gelo, na Antártida. Era a única criatura viva existente ao sul da latitude setenta e oito. O frio chegava a incríveis oitenta e dois graus abaixo de zero.

De repente, percebeu, com terror, que estava sendo lentamente envenenado pelo monóxido de carbono que escapava do fogão. A ajuda mais próxima estava a quilômetros de distância e talvez levasse meses para conseguir chegar até onde ele estava.

Ele tentou consertar o fogão e o sistema de ventilação, mas a fumaça ainda escapava. Os gases muitas vezes o faziam desmaiar no chão, sem sentidos. Ele não conseguia comer, não conseguia dormir. Ficou tão fraco que mal conseguia levantar da cama. Os pensamentos que vinham a ele eram de que não estaria vivo no dia seguinte. Estava convencido de que morreria naquela cabana.

Em um momento de desespero profundo, ele pegou seu diário e tentou registrar sua filosofia de vida. Refletiu sobre a presença da raça humana no Universo, contemplando as estrelas, a rotação das constelações e planetas. Considerou o sol, eterno em sua natureza, que eventualmente iluminaria novamente até as áreas desoladas do Polo Sul. Nessas reflexões, escreveu em seu diário: "Não estou sozinho". Essa postura foi o que o salvou, mesmo estando confinado em um buraco no gelo, no extremo do mundo. Ele reconheceu que essa atitude foi a fonte de sua força, afirmando: "Sei que foi isso que me deu forças". Acrescentou que poucos homens, ao longo de suas vidas, se aproximam do esgotamento total dos recursos internos que possuem. Ele acreditava que dentro de nós existem fontes profundas de energia que raramente exploramos. Finalmente, Byrd respondeu ao chamado interior e recorreu aos recursos finais, voltando-se para Deus.

É o tipo de situação que pensamos que Deus abandona sua criatura, sentimos como sem identidade, sentimento conhecido por muitos de nós. No entanto, esses pensamentos e sentimentos não passam de mais uma armadilha que precisamos nos libertar. Porque Ele sempre vai estar onde quer que estejamos.

Capítulo XIX
REALIDADE DESCONHECIDA

> Há dois erros semelhantes, mas opostos que os seres humanos podem cometer quanto aos demônios. Um é não acreditar em sua existência. O outro é acreditar que eles existem e sentir um interesse excessivo e pouco saudável por eles. Os próprios demônios ficam igualmente satisfeitos com ambos os erros, e saúdam o materialista e o mago com a mesma alegria.[78]

Notei tarde demais que ainda era ingênua em relação a certas coisas. Talvez, no fundo do meu ser, eu não quisesse saber de coisas que poderiam me perturbar e trazer mais angústia e desespero para a minha alma. Essa alma minha, que já enfrentou muitas aflições, algumas assustadoras, posso dizer.

Percebi que ainda vivia em um mundo cor-de-rosa, um pouco desbotado, mas ainda rosa, quando me deparei com um homem gentil e educado, que se aproximou de mim com o intuito de me ajudar. Fiquei surpresa com tanta gentileza, principalmente por estar em um órgão público do governo, em que geralmente não encontramos pessoas tão prestativas.

Quando ele se aproximou, com sua aparência estranha, cabeça raspada que brilhava e o corpo coberto de tatuagens com simbologias um tanto obscuras, dizendo que me conhecia, fiquei intrigada. Porém, ao mesmo tempo, sabia que era conhecida por alguns devido aos programas de rádio e televisão. Intrigada e um pouco apreensiva, estava diante de um mistério que logo foi desvendado quando ele me dizia ser um ex-satanista, que mais tarde descubro que não era ex, e sim satanista.

A situação fica ainda mais difícil quando começo a me interessar pelo assunto e descubro, por meio das suas palavras, que existia uma certa "organização" na qual muitos discípulos se engajavam buscando fazer parte do que poderíamos chamar de "filhos de satã". A intenção deles era desviar o maior número possível de pessoas do verdadeiro propósito e sentido da vida, ou seja, acabar com a ideia de que tudo o que foi criado é belo e foi feito para nós, que existe um Deus bom, não egoísta, cuja essência é o amor.

O ápice foi a declaração de que, para estabelecer esses ideais, era necessário sacrificar além de animais, também seres humanos em rituais culturais.

Minha pergunta veio imediatamente: "Quantas pessoas você sacrificou?" A resposta também veio sem demora: "Várias".

O que eu não imaginava era o fato de que, quando ouvimos falar dessas coisas, não imaginamos que alguém que trabalhava em um órgão público do governo estivesse envolvido com elas ou as praticasse. Imaginamos pessoas bem distantes do nosso convívio, mas naquele momento pude perceber que não.

Ele afirmava que esses discípulos estavam bem-preparados e eram encontrados em todos os lugares, inclusive dentro das igrejas. Eles eram amáveis, generosos, porém, com um propósito maior: confundir as pessoas, semear dúvidas em suas mentes sobre tudo o que é bom e perfeito.

No entanto, percebo que o estilo de vida deles se assemelha ao dos Hell Angels (Anjos do Inferno), cujos membros geralmente são homens que pilotam motocicletas Harley-Davidson. Comecei a refletir que certos filmes sobrenaturais faziam sentido, e que as pessoas que tentam viver sem Deus como centro atraem para si uma existência demasiadamente pesada, talvez sem retorno para um final feliz.

Sabe aquele meme: "Minha vó me dizia: Meu fiii, meu fiii, tu vai ver coisa, tu vai ver coisa!"

Me lembrei do Fitafuso e seu sobrinho Vermebile, quando seu tio lhe escreve orientando-o sobre se eles deveriam ou não revelar sua existência aos homens. Um dos trechos da carta dizia assim:

> Querido Vermebile,
>
> Espanta-me que você ainda me pergunte se é mesmo essencial manter o paciente na ignorância quanto à nossa existência. Essa sua pergunta, pelo menos no pé em que nos encontramos, já foi respondida pelo Alto Comando. Nossa política, no momento atual, é de nos mantermos ocultos. Claro que nem sempre foi assim. No momento, enfrentamos um cruel dilema. Quando os humanos não acreditam na existência de demônios, não temos mais os agradáveis resultados do terrorismo direto e não podemos "produzir" nenhum mago.
>
> Por outro lado, quando acreditam em nós, não podemos transformá-los em materialistas e céticos. Pelo menos não por enquanto. Tenho grande esperança de que, no devido tempo, aprenderemos como tornar a ciência dos homens emocional e mítica a ponto de passarem a desconfiar daquilo que na verdade é a crença na nossa

existência (embora não sob esse nome) ao mesmo tempo que suas mentes se mantêm fechadas para o Inimigo (Deus).[79]

Naquela ocasião, experimentei uma sensação de despertar para uma realidade mais profunda, além dos limites do conhecido. Embora todos tenhamos ciência da existência da maldade e dos sentimentos que permeiam as pessoas, muitas vezes ultrapassando os limites da sanidade mental, naquele dia, fui confrontada com uma compreensão mais profunda por meio das palavras daquele homem. É curioso notar que ele compartilhou essas reflexões comigo, uma completa desconhecida. Em retrospecto, parecia que um filme se desenrolava em minha mente, revelando a evolução da história da humanidade e o estado a que chegamos, ou, mais precisamente, no que nos transformamos.

Neste momento, o insight vem à tona com G. K. Chesterton[80]: "Chegará o dia em que teremos que provar ao mundo que a grama é verde". Bem, meu caro Chesterton, sua frase escrita no início do século XX se torna verdadeira. Hoje, além de termos que provar que a grama é verde, também precisamos provar que grama é grama. Isso nos leva ao absurdo de negar o óbvio ao negarmos conhecimentos necessários e universais.

Em outra ocasião, conheci uma mulher inteligente e bem-sucedida em sua carreira. Ela me convidou para visitar seu apartamento e conhecer um pouco de sua história e realidade. O convite veio pelo motivo de estar disposta a deixar de lado algumas práticas cotidianas que a atormentavam e ela não queria mais. Acredito que, de certa maneira, a campainha deve ter tocado e ela decidiu atender, e com isso pôde enxergar as verdades necessárias e parar de negá-las. Mais uma vez a frase "sabe de nada, inocente" fez jus à minha ignorância de certas coisas. Meu mundo cor-de-rosa desabou de vez, aliás, já era hora.

Chego em seu apartamento e o inusitado surge, ou seja, o fora do comum, remeto-me a uma realidade totalmente desconhecida. Tudo naquele lugar era ornamentado com a cor vermelha, desde suas roupas, sapatos, toalha de mesa, eletrodomésticos, roupas de cama e muito espelhos, enfim, tudo anelado de tal maneira para transparecer e realçar uma simbologia única, evidenciando um propósito que era definido e estabelecido para certo fim.

Percebi um certo desconforto e timidez quando ela tomou a decisão de expressar o que lhe incomodava. Naquele momento, talvez estivesse travando uma batalha interna com sua própria consciência. Buscando amenizar o clima, o que se mostrava desafiador naquele lugar impregnado de pesar, comparável até mesmo ao ambiente contaminado de Chernobyl, saturado com uma mistura de cúrio radioativo, urânio e plutônio, comecei a direcionar a conversa para assuntos mais leves.

Dessa maneira, a interação se desdobrou de forma natural, afastando-se gradativamente do peso inicial da conversa até alcançarmos um ponto em que ela se sentiu à vontade para revelar um aspecto surpreendente: sua identidade como bruxa.

Agindo de forma natural, sem demonstrar qualquer incômodo com a revelação, ela contou que sua história começou desde antes de nascer, quando sua mãe ofereceu sua vida a entidades demoníacas em um pacto que nunca deveria ser quebrado, seguindo a tradição de seus ancestrais. Nesse momento, ela se levanta e começa a mostrar alguns objetos que fizeram parte de sua jornada. Ela me entrega uma bíblia satânica e vários DVDs com conteúdo obsceno, incluindo ensinamentos de rituais simbólicos e gravações dela mesma compartilhando com grupos de jovens como atrair mais pessoas para o grupo.

Durante a entrevista, ela mencionou os "Emos", um grupo de jovens em ascensão, que são pessoas extremamente emotivas e sensíveis. Suas principais características são a melancolia, a tristeza e os problemas relacionados a amor e rejeição, tanto de outras pessoas quanto de suas próprias famílias. Certamente, eles eram o público ideal para seus ensinamentos, pois ela reconhecia a rebeldia, a dor e a raiva que eles sentiam. Ceder aos desejos como sexo, comida e bebida era encorajado nos jovens.

Naquele instante, percebi que os disfarces que eles utilizavam eram tão discretos que jamais imaginaria que aquela mulher pudesse estar envolvida em algo tão obscuro. Muitas pessoas estavam se aprisionando em suas próprias limitações e em seus mesquinhos interesses, encobertos por diversas justificativas. Elas passavam a viver uma alienação gradual, que as desumanizava.

Existiam realidades ocultas com um propósito eficaz: manipulação e engano, utilizados como uma arma letal. Esse artifício tem sido empregado em várias áreas ao redor do mundo, buscando desconstruir e desconectar o ser humano de seu Criador.

Os objetos estavam sendo guardados em uma mala para serem incinerados. Indaguei se ela tinha algo mais a contar ou exibir. Percebi tensão em seu olhar; dúvidas permeavam sua mente. Havia segredos e, pela inquietação de seu corpo, notei que ela resistia a revelá-los ou se desfazer deles. No entanto, de alguma maneira, descobri sua relevância, tratava-se de algo de grande importância para ela.

Por fim, ela optou por queimar sua capa de cor preta com fundo vermelho, a qual simbolizava proteção e absorção de energias nos rituais. Toda aquela situação vivida me parecia surreal, ao menos para mim. Todavia, racionalmente falando, era a história de uma mulher que, desde seu nascimento, foi instruída que poderia mudar sua rotina por meio de forças sobrenaturais. Nesses ensinamentos, era acreditado que o Deus do cristianismo era egoísta e não quis dividir sua Glória com o então anjo caído, Lúcifer.

Deus é o fim último de todas as coisas, logo, tudo é por Ele, e Nele residem todas as coisas. O inexplicável não pode ser explicado, o imensurável não pode ser medido, o inatingível não pode ser alcançado.

Após alguns dias da entrevista, ela me convidou para ir a uma igreja, em que pastores e pastoras orariam por ela, determinada a deixar seu passado para trás e seguir em frente com uma nova perspectiva de vida. Cheguei à igreja e lá estavam apenas cinco pessoas. Levaram-na até o altar e pediram que se ajoelhasse para que se desse início a oração e suas confissões de pecados.

Acontece algo verdadeiramente chocante. A cena que testemunhei assemelhou-se a uma cena de filme sobrenatural, em que exorcistas são chamados quando demônios se manifestam. Durante a oração, percebi que ela permanecia imóvel e com a cabeça baixa, sem dar nenhum sinal de que estava tudo bem. Diante disso, questionei-a: "Você poderia nos dizer agora de quem é filha?", na esperança de obter alguma resposta e avaliar se estava tudo bem.

Ela permaneceu em silêncio. A resposta que eu esperava era algo como: "Estou bem, agora sou filha do Deus Altíssimo".

Aproximei-me dela, pois ainda estava ajoelhada, enquanto pastores e pastoras continuavam em oração, e fiz a mesma pergunta: "De quem é filha?" Ela virou a cabeça, olhou para mim e respondeu: "Sou filha de Lúcifer". Imediatamente, de forma compulsiva, começou a bater a cabeça no chão e, aos gritos, proclamava que era filha de Lúcifer. Enfrentamos várias horas de batalha com aquela mulher até que ela recuperasse seu estado normal.

Conforme mencionado pelo secretário do inferno Fitafuso em uma de suas correspondências ao sobrinho Vermebile, no livro *Cartas de um diabo ao seu aprendiz* de C.S. Lewis:

> O Inimigo (Deus) realmente quer preencher o universo com inúmeras pequenas réplicas repugnantes de Si mesmo – criaturas cuja vida, em escala menor, será qualitativamente como a d'Ele. Nós (demônios) queremos apenas um gado que finalmente poderá ser transformado em alimento; Ele quer servos que finalmente poderão tornar-se filhos. Nós queremos sugá-los; Ele quer fortalecê-los. Somos vazios, e por isso queremos ser preenchidos; Ele está repleto e transborda. Nosso objetivo nessa guerra é um mundo no qual o Nosso Pai nas Profundezas possa absorver todos os outros seres nele mesmo; o Inimigo quer um mundo repleto de seres unidos a Ele e ainda assim distintos.
>
> Fitafuso afirma: o verdadeiro objetivo é a destruição dos indivíduos. Pois somente os indivíduos podem ser salvos ou condenados à danação, somente eles podem tornar-se filhos do Inimigo (Deus) ou alimento para nós (demônios).[81]

Entretanto, estou convicta de que teremos a oportunidade de contemplar a existência sob uma nova perspectiva diante de qualquer realidade, seja ela assombrosa ou não, como a história que acabei de compartilhar. Isso porque Deus, cujo amor é resplandecente, renova a chama da paixão pela vida. Nesse processo, Ele restaura a esperança, uma força que nos impede de desistir, mesmo quando enfrentamos situações desesperadoras. Além disso, Ele revigora a fé, que acredita na realização do impossível, e promove o amor, uma força capaz de perdoar até aquilo que consideramos imperdoável. Esse ciclo de renovação divina é uma expressão do agir humano, revelando a resiliência diante das adversidades e a capacidade de transcender os momentos desafiadores. Como Lewis enfatiza: "Não há outra maneira de alcançar e desfrutar a felicidade para a qual fomos criados. Sem Deus na alma, ela permanecerá vazia. Os sentidos podem se saciar de prazeres até a saciedade, mas a alma estará vazia".[82]

Capítulo XX

COMENDO PELAS BEIRADAS

"Comendo pelas beiradas". Quem nunca ouviu esse ditado popular?

Como dizia o vô Chico: "Fiinha, fulano tá comendo pela bera".

Traduzindo o vô Chico: a pessoa age de forma discreta, sem chamar muito atenção, e quando você a percebe já fez o que queria fazer. Tipo assim: lento, mas perseverante, entende?

O surgimento de uma nova mentalidade na sociedade contemporânea implica em deixar para trás tradições do passado e forjar um novo cenário para a ação humana. Essa transformação é personificada na peça teatral que podemos intitula-la: "Humanismo, a Religião do Homem". Nos bastidores, observamos a presença da elite tecnocrática, que assume uma postura quase divina, confiante em sua capacidade de resolver os dilemas globais por meio do avanço científico e tecnológico. Este enredo teatral espelha as mudanças paradigmáticas em curso na sociedade, onde valores e crenças tradicionais são desafiados em prol de uma abordagem mais centrada no homem e impulsionada pela confiança nas conquistas da ciência.

Na narrativa de Lewis, a tecnologia se torna o símbolo do orgulho humano e do afastamento de Deus, o que acaba levando a uma desumanização crescente, caracterizada pela falta de respeito pelo próximo, especialmente pelos mais fracos e necessitados.

A frase de Protágoras, "O homem é a medida de todas as coisas", possuía, no contexto grego, uma conotação em que o homem era concebido à imagem dos deuses. Entretanto, com o advento pós-Idade Média, essa concepção evoluiu, afastando-se da ideia de que o homem é feito à imagem de Deus. Nesse novo contexto, o homem trilha o caminho do racionalismo, tornando-se um filho do humanismo. No humanismo, a sacralidade atribuída ao homem é removida, e surge apenas o antropos, representando a humanidade desvinculada da "centelha divina". Essa transição evidencia a mudança na percepção do homem ao longo do tempo, destacando a ênfase na sua natureza humana sem a aura sagrada que lhe era conferida anteriormente.

A partir disso a decadência começa acontecer. Tudo se torna impregnado somente com as coisas dos homens. O homem que deixa de apontar para Deus e busca com seu olhar o desejo de querer mais. O humanismo deixou de lado a tradição e a fé e inaugura o homem como o centro de todas as coisas.

Passamos a mudar tudo em nossa volta, as virtudes humanas passam a representar os vícios. A sociedade a ser representada por ideias e teorias. Quando o homem passa a se desligar da transcendência, ele perde a familiaridade como ser humano, ou seja, o homem passa buscar sentido em outras dimensões, a material.

Tudo vira egoísmo, individualismo, tudo degenera, as pessoas passam fazer mau uso da razão para adulterar a realidade de acordo com sua ideia. É quando começa o confronto da tradição com um outro conceito de vida, de beleza, pois o que se faz agora é relativizar tudo e todos, desaparecendo assim o conceito de Verdade Absoluta.

A analogia da ilha deserta aparece com frequência na obra de Chesterton, pois ele enxergava o mundo como uma espécie de naufrágio cósmico. Ele faz uma analogia da condição da humanidade:

> Na busca por significado, somos como um marinheiro que acorda de um sono profundo e descobre, espalhadas por todo lado, peças e relíquias de um tesouro procedente de alguma civilização esquecida. Uma por uma ele apanha as relíquias — moedas de ouro, bússola, roupas finas — e tenta discernir o seu significado. As coisas boas da terra — o mundo natural, a beleza, o amor, a alegria — ainda apresentam traços de seu propósito original, mas cada uma delas pode ser incompreendida ou mal utilizada por causa de nossa natureza decaída e amnésica.[83]

O homem obcecado pelo poder, depositando fé em si mesmo com suas teorias e ideias, passa a mexer com o imaginário das pessoas e sua atuação é sorrateira, ou seja, vai comendo pelas beiradas até atingir seus propósitos. Passamos por enganados e iludidos facilmente porque já não nos ensinam mais a pensar e sim duvidar. A dúvida é tendenciosa a destruição das coisas, enquanto pensar nos levará a criar nossa própria identidade transformando nossos pensamentos em palavras precisas. Porém, pensar é cansativo, difícil, e, me desculpem a sinceridade, somos preguiçosos, ao ponto de achar que é mais fácil ter alguém que pense por nós, ou seja, alguém que nos diga o que pensar.

Dê uma olhada no post que acabei de ler dos filósofos das redes sociais: "Desperte arrependido, mas não durma com vontade". Como assim? Isso é o que eu chamo de falta de vontade de exercitar o cérebro, mas a consequência inevitável está apenas esperando o momento de agir quando a conta for encerrada.

Com isso, sempre há alguém nos dizendo o que fazer, porque pensar é um trabalho árduo demais para alguns. As mudanças começam a acontecer de forma tão pragmática que o significado de existir se perde, a contemplação perde a beleza, a linguagem perde seu estilo sofisticado e passa a ter um caráter de ideologias insanas.

Na literatura, no teatro, no cinema, na pintura, na arquitetura, a arte que era detalhada em seus valores e símbolos torna-se pálida e confusa, pois expressa apenas os sentimentos confusos de seus artistas. Por meio da renúncia à transcendência, o homem tira de cena a ideia da encarnação de Cristo, com seu nascimento, batismo, pregação do reino, morte na cruz e ressurreição.

É retirado do palco da vida o "portal" que nos concede acesso direto a Deus, que nos dá esperança de viver neste mundo decadente. Pode ser que, ao final de cada drama humano, o homem seja repetidamente convocado a retornar ao palco. Cada um de nós é chamado a enfrentar nossos demônios, e essa verdade não se limita ao mundo físico, pois precisamos transcender para enfrentá-los. A racionalidade fria e caótica não será capaz de responder a isso, pois são aspectos mais profundos da verdade, isto é, a verdade da existência e natureza humana. Essa verdade nos mostra que tais demônios existem, mas existem para serem vencidos.

O "bom senso" das coisas, conforme Chesterton, é o céu julgando a terra, e não a terra julgando o céu. O mal, que antes se contentava em atuar nas bordas, agora não funciona mais como coadjuvante, mas sim como protagonista na história. E o grande problema é que já não nos chocamos diante do mal em um mundo onde ele se tornou comum.

A sensação do vazio na sociedade contemporânea surge ao realizarmos todos os nossos desejos, perdendo a capacidade de distinguir entre o certo e o errado. Sempre atribuímos nossos comportamentos a fatores biológicos, psicológicos ou sociológicos, nunca teológicos. No entanto, Deus não nos ajudará a ignorar o mal, mas a enfrentá-lo e derrotá-lo.

Sei que tudo o que foi escrito é conhecido por todos, mas escrevo devido à dificuldade que temos em acreditar e enxergar o evidente. A exuberante criação de Deus está diante de nossos olhos, mas perdemos o prazer de contemplar tudo o que foi criado para nós. Talvez nos custe acreditar que, mesmo diante de tanta desolação humana, Ele — o próprio Deus — estará sempre lá, pronto para nos ajudar a recomeçar e a contar uma nova história de nossa existência.

Sempre haverá uma nova oportunidade para nós, assim como o sol que se levanta todas as manhãs. Nas palavras de Chesterton:

> É possível que Deus todas as manhãs diga ao sol: "Vamos de novo"; e todas as noites à lua: "Vamos de novo". Talvez não seja uma necessidade automática que torna todas as margaridas iguais; pode ser que Deus crie todas as margaridas separadamente, mas nunca se canse de criá-las. Pode ser que ele tenha um eterno apetite de criança; pois nós pecamos e ficamos velhos, e nosso Pai é mais jovem do que nós. A repetição na natureza pode não ser mera recorrência; pode ser um BIS teatral.[84]

Que esse "Bis teatral" continue por um bom tempo em nosso meio para que tenhamos um pouquinho mais de tempo de recuperar o tal "Bom Senso".

Já se perguntaram por que a palavra "Apocalipse" é tão explorada na indústria cinematográfica? Filmes que, na verdade, não são apenas alertas simples, mas refletem os temores mais profundos e ancestrais da humanidade. Aliás, a ideia do "Apocalipse" é muito antiga e está presente nos mitos e contos mais antigos da humanidade.

Hoje em dia, as pessoas não querem sentir ou ser afetadas por nada. Talvez, a proposta desses filmes seja retratar o "mal-estar" que temos vivido, o horror dos mortos- "vivos" que se desumanizam, o horror de uma pandemia, o medo de o homem ser substituído por máquinas. Que esses temores que residem no âmago de nossa alma nos despertem para lutar por uma sobrevivência digna, não apenas para nós mesmos, mas para toda a humanidade. Em busca da revelação que já está preparada para todos nós: "Onde Deus enxugará de nossos olhos toda lágrima. Não haverá mais morte, tristeza, choro ou dor, pois a antiga ordem já passou" (Apocalipse 21:4).

E se alguém me perguntasse como gostaria de terminar meus dias neste mundo, diria como o apóstolo Paulo: "Combati o bom combate e guardei a fé". O combate de saber que não temos mais tempo para ajustar nossa conduta, nem negligenciar os sofrimentos dos outros, como a violência, a desigualdade, a fome, a ganância que perpassam a insensatez. Guardar a fé em conhecer a nossa história, e ter uma visão de futuro em sonhar coletivamente e cumprir o que nos foi proposto, não acreditar que a maldade é o normal e que o ser humano deseja viver.

Como sempre digo: dá para ser diferente.

FIM

Notas

1 KIERKEGAARD, Sören. Pai do Existencialismo. Disponível em: https://www.todamateria.com.br/kierkegaard/0000000. Acesso em: 16 set. 2022.

2 NIETZSCHE, F. Assim Falou Zaratustra: um livro para todos e para ninguém. Tradução, notas e posfácio de Paulo César de Souza. São Paulo: Companhia das Letras, 2011.

3 GRAND CANYON. Desfiladeiro esculpido pelo rio Colorado, no estado do Arizona, nos Estados Unidos. Disponível em: https://pt.wikipedia.org/wiki/Grand_Canyon0. Acesso em: 16 set. 2022

4 SÊNECA (4 a.C.-65). Filósofo, escritor e político romano. Disponível em: https://www.ebiografia.com/seneca/. Acesso em: 18 set. 2022.

5 ARISTÓTELES (384-322 a.C.). Importante filósofo grego, discípulo do filósofo Platão. Disponível em: https://www.ebiografia.com/aristoteles/. Acesso em: 18 set. 2022.

6 QUINTANA, Mário (1906-1994). Poeta, tradutor e jornalista brasileiro. Disponível em: https://www.ebiografia.com/mario_quintana/. Acesso em: 18 set. 2022.

7 MANUAL DO TEMPO. Disponível em: https://slideplayer.com.br/slide/12969229/. Acesso em: 18 set. 2022

8 LEWIS, C. S. Cartas de um diabo a seu aprendiz. Tradução de Juliana Lemos; revisão da tradução de Frederico Ozanam Pessoa de Barros; revisão técnica de Geuid Dib Jardim. 2. ed. São Paulo: Editora WMF Martins Fontes, 2009.

9 GIBRAN, Khalil (1883-1931) Filósofo, escritor, poeta, ensaísta e pintor libanês. Disponível em: https://www.ebiografia.com/khalil_gibran/. Acesso em: 18 set. 2022.

10 GOETHE, J. W. Fausto. Rio de Janeiro: W.M. Jackson Inc., 1948. São Paulo: Abril Cultural, 1976. Disponível em: https://repositorio.ufsc.br/bitstream/handle/123456789/80876/152701.pdf?sequence=1&isAllowed=y. Acesso em: 18 set. 2022

11 MITO ALMA GÊMEA. Disponível em: https://brasilescola.uol.com.br/filosofia/mito-alma-gemea.htm Acesso em: 18 set. 2022.

12 FRANKL, V. E. Em busca de sentido. Petrópolis: Vozes, 1985.

13 ANJOS, Augusto (1884-1914). Poeta brasileiro. Disponível em: https://www.ebiografia.com/augusto_anjos/. Acesso em: 18 set. 2022.

14 AUSTEN, Jane. Orgulho e Preconceito. Tradução e notas Roberto Leal Ferreira. São Paulo: Martin Claret, 2018. Disponível em: https://www.livros-digitais.com/jane-austen/orgulho-e-preconceito/1. Acesso em: 19 set. 2022.

15 A HISTÓRIA POR TRÁS DA FOTO: O ABUTRE E A MEENINA. Disponível em: https://iphotochannel.com.br/a-historia-por-tras-da-foto-o-abutre-e-a-menina/. Acesso em: 19 set. 2022.

16 DOSTOIÉVSKI, Fiódor. Duas Narrativas Fantásticas: A dócil e O Sonho de um Homem Ridículo. tradução, prefácio e notas de Vadim Nikitin. 4. ed. São Paulo: Editora 34, 2017.

17 CHURCHILL, Winston (1874-1965) Importante político britânico. Disponível em: https://www.ebiografia.com/winston_churchill/. Acesso em: 19 set. 2022.

18 MACHADO DE ASSIS (1839-1908). Escritor brasileiro. Disponível em: https://www.ebiografia.com/machado_assis/. Acesso em: 19 set. 2022.

19 PASCAL, Blaise (1623-1662). Pensamentos. São Paulo: Nova Cultural, 1988. (Os Pensadores). Disponível em: https://www.scielo.br/j/trans/a/NBXzpbDCVWDX3kLtxBqfcMh/. Acesso em: 21 set. 2022.

20 MARLEY, Bob (1945-1981) Cantor, compositor e guitarrista jamaicano. Disponível em: https://www.ebiografia.com/bob_marley/. Acesso em: 21 set. 2022.

21 OVÍDIO, P. Metamorfoses. Tradução de Paulo Farmhouse Alberto. Lisboa: Livros Cotovia, 2007.

22 WINFREY, Oprah (1954) Apresentadora de TV norte-americana. Disponível em: https://www.ebiografia.com/oprah_winfrey/. Acesso em: 22 set. 2022.

23 FERNANDES, Millôr (1923-2012) Desenhista, humorista, tradutor, escritor e dramaturgo brasileiro. Disponível em: https://www.ebiografia.com/millor_fernandes/. Acesso em: 22 set. 2022.

24 Apóstolo João. Líder na igreja cristã primitiva. Disponível em: https://bibliotecadopregador.com.br/quem-foi-o-apostolo-joao/. Acesso em: 22 set. 2022.

25 LUCAS: 16:19-29. Disponível em: https://www.bibliaon.com/versiculo/lucas_16_19-29/. Acesso em: 25 set. 2022.

26 SHAKESPEARE, William (1564-1616) Dramaturgo e poeta inglês. Disponível em: https://www.ebiografia.com/william_shakespeare/. Acesso em: 25 set. 2022.

27 SUASSUNA, Ariano (1927- 2014). Escritor brasileiro. Disponível em: https://www.ebiografia.com/ariano_suassuna/. Acesso em: 25 set. 2022.

28 GOLEMAN, D. (1996). Inteligência emocional. Rio de Janeiro: Objetiva, 1996.

29 UTOPIA DOS RATOS: EXPERIMENTO QUE PREVIU POSSÍVEL EXTINÇÃO DA HUMANIDADE. Disponível em: https://aventurasnahistoria.uol.com.br/noticias/desventuras/utopia-do-ratos-experimento-que-previu-possivel-extincao-da-humanidade.phtml. Acesso em: 01 out. 2022.

30 G.K. Chesterton. Disponível em: https://www.sociedadechestertonbrasil.org/g-k-chesterton/. Acesso em: 01 out. 2022.

31 THOREAU, Henry David (1817-1862). Escritor norte-americano. Disponível em: https://www.ebiografia.com/henry_david_thoreau/. Acesso em: 01 out. 2022.

32 SÓCRATES (470 a.C.-399 a.C.). Filósofo grego. Disponível em: https://www.todamateria.com.br/socrates/. Acesso em: 01 out. 2022.

33 SÍNDROME DA RAIVA VIDA. Disponível em: https://www.pensarcontemporaneo.com/voce-aguenta-ate-queimar-conheca-sindrome-da-rafervida/#:~:text=%-C3%80s%20vezes%2C%20suportamos%20situa%%A7%C3%B5es%20e,o%203. Acesso em: 02 out. 2022.

34 GOETHE, J. W. Os sofrimentos do jovem Werther. Tradução de Marcelo Backes. Porto Alegre: L&P Pocket, 2006. Disponível em: http://www.letras.ufmg.br/padrao_cms/documentos/profs/romulo/Johann-Wolfgang-von-Goethe-Os-Sofrimentos-do-Jovem-Werther.pdf. Acesso em: 02 out. 2022.

35 A VERDADE SAINDO DO POÇO. Disponível em: https://culturadefato.com.br/a-verdade-saindo-do-poco/. Acesso em: 02 out. 2022.

36 AGOSTINHO, S. A mentira/Contra a mentira. Tradução de Antônio Pereira Júnior e Marcos Roberto Nunes Costa. São Paulo: Paulus, 2019.

37 DOSTOIÉVSKI, Fiódor. Os Irmãos Karamázov. São Paulo: Editora 34, 2008.

38 PEDRO NEGA JESUS. Disponível em: https://www.bibliaon.com/pedro_nega_jesus/. Acesso em: 10 out. 2022.

39 SÊNECA. (4 a.C.-65). Filósofo, escritor e político romano. Disponível em: https://www.ebiografia.com/seneca/. Acesso em: 10 out. 2022.

40 LEWIS, C. S. (1898-1963). Escritor, professor e crítico literário irlandês. Disponível em: https://www.ebiografia.com/c_s_lewis/. Acesso em: 10 out. 2022.

41 GUINNESS WORLD RECORDS. Disponível em: https://pt.wikipedia.org/wiki/Guinness_World_Records. Acesso em: 12 out. 2022.

42 WANDERLEY, Jorge. Sonetos. Tradução de Jorge Wanderley. Rio de Janeiro: Civilização Brasileira, 1991.

43 LI, William. Introdução. In: Marco Aurélio. Meditações. São Paulo: Editora Iluminuras, 1995.

44 UM BANQUETE DE CONSEQUÊNCIAS. Disponível em: https://www.serranossa.com.br/um-banquete-de-consequencias/. Acesso em: 12 out. 2022.

45 LAÊRTIOS, D. Vidas e Doutrinas dos Filósofos Ilustres. 2 ed. Tradução de Mário da Gama Kury. Brasília: Editora UnB, 1977.

46 MAFALDA RIBEIRO. Disponível em: https://visao.pt/autores/mafalda-ribeiro-2/. Acesso em: 13 out. 2022.

47 MARCOS: 9:23. Disponível em: https://www.bibliaonline.com.br/acf/mc/9/23. Acesso em: 26 jan. 2024.

48 G.K. Chesterton. Disponível em: https://www.sociedadechestertonbrasil.org/g-k-chesterton/. Acesso em: 13 out. 2022.

49 ELEFANTE MATA MULHER E VOLTA AO FUNERAL PARA ATACAR O CADÁVER DELA. Disponível em: https://noticias.uol.com.br/internacional/ultimas-noticias/2022/06/20/elefante-mata-mulher-e-volta-ao-funeral-para-atacar-o-cadaver-dela.htm. Acesso em: 13 out. 2022.

50 ZOO. Disponível em: https://www.tecmundo.com.br/minha-serie/zoo. Acesso em: 13 out. 2022.

51 LEWIS, C. S. A anatomia de uma dor: um luto em observação. São Paulo: Vida, 2006.

52 ECO, Umberto. Apocalípticos e integrados. São Paulo, Perspectiva, 1970.

53 PROVÉRBBIOS:1:20-33. Disponível em: https://www.bible.com/pt/bible/129/PRO.1.20-33.NVI. Acesso em: 22 out. 2022.

54 50 MORTOS SÃO ENCONTRADOS DENTRO DE CAMINHÃO NOS EUA. Disponível em: https://g1.globo.com/mundo/noticia/2022/06/27/mais-de-40-sao-encontrados-mortos-dentro-de-caminhao-nos-eua.ghtml. Acesso em: 26 jan. 2024.

55 PROVÉRBIOS:2:4-6. Disponível em: https://www.bible.com/pt/bible/1608/PRO.2.4-6.ARA. Acesso em: 22 out. 2022.

56 SALMOS: 7:14. Disponível em: https://bibliaportugues.com/psalms/7-14.htm. Acesso em: 26 out. 2022

57 O LEÃO, O LOBO E A RAPOSA. Disponível em: https://www.fabulasdeesopo.com.br/p/o-leao-o-lobo-e-raposa.html. Acesso em: 26 out. 2022.

58 ETIMOLOGIA DE INTELIGÊNCIA. Disponível em: https://www.gramatica.net.br/etimologia-de-inteligencia/. Acesso em: 26 out. 2022.

59 A HISTÓRIA DE WILLIAM SIDIS. Disponível em: https://super.abril.com.br/ciencia/a-historia-de-william-sidis-a-pessoa-mais-inteligente-que-ja-existiu. Acesso em: 26 out. 2022.

60 A VIDA É CURTA PARA SER PEQUENA. Disponível em: https://www.recantodasletras.com.br/artigos/7451851. Acesso em: 27 out. 2022.

61 MORIN, Edgar. A Cabeça Bem-Feita: Repensar a Reforma, Reformar o Pensamento. Rio de Janeiro: Bertrand Brasil, 2000.

62 THE BOYS: RESUMO, TRAMA, TEMPORADA E PRINCIPAIS PERSONAGENS. Disponível em: https://www.aficionados.com.br/the-boys-resumo-trama-temporada-principais-personagens/. Acesso em: 28 out. 2022

63 BOILEAU-DESPRÉAUX, N. A arte poética. São Paulo: Perspectiva, 1979.

64 NIETZSCHE, Friedrich. A gaia ciência. São Paulo: Companhia das Letras, 2001.

65 GRIMM, Jacob; GRIMM, Wilhelm. Os 77 melhores contos Grimm. Organização de Luciana Sandroni. Tradução de Íside M. Bonini. Rio de Janeiro: Nova Fronteira, 2018. v. 1.

66 KIERKEGAARD, Søren. O Conceito de Angústia. Tradução de Álvaro Valls. 2. ed. Petrópolis: Vozes, 2010.

67 JUNG, C. G. O homem á descoberta da sua alma. Tradução de Camilo A. Pais. Porto: Livraria Tavares Martins, 1962.

68 KIERKEGAARD, Sören. Textos selecionados. Seleção e tradução por Ernani Reichmann. Curitiba: Editora Universidade Federal do Pará, 1986a.

69 LÖWY, Michael. Franz Kafka: Sonhador Insubmisso. Rio de Janeiro: Azougue Editorial, 2005.

70 GÊNESIS 3:11-24. Disponível em: https://www.bibliaonline.com.br/acf/gn/3/11-24. Acesso em: 01 nov. 2022.

71 JÓ 2:9,10. Disponível em: https://www.bibliaonline.com.br/acf/j%C3%B3/2/9,10. Acesso em: 01 nov. 2022.

72 O BUSCADOR. Disponível em: http://edgarmorin.blogspot.com/2007/04/o-buscador.html. Acesso em: 02 nov. 2022.

73 ROSENBERG, M. B. Comunicação Não Violenta: Técnicas para Aprimorar Relacionamentos Pessoais e Profissionais. São Paulo: Editora Ágora, 2015.

74 PALAVRAS SÃO JANELAS (OU SÃO PAREDES). Disponível em: https://www.institutocnvb.com.br/single-post/palavras-s%C3%A3o-janelas-ou-s%C3%A3o-paredes. Acesso em: 27 jan. 2024.

75 ORIGEM DA PALAVRA. Disponível em: https://origemdapalavra.com.br/palavras/consistencia/. Acesso em: 10 nov. 2022.

76 RALUNA MACAVA. Disponível em:https://www.facebook.com/ralunamacava/posts/360959382093600/. Acesso em: 12 nov. 2022.

77 A VIDA É CURTA PARA SER PEQUENA. Disponível em: https://www.filadelfia.com.br/a-vida-e-curta-para-ser-pequena/. Acesso em: 12 nov. 2022.

78 LEWIS, C. S. Cartas de um Diabo a seu Aprendiz. Tradução de Juliana Lemos; revisão da tradução de Frederico Ozanam Pessoa de Barros; revisão técnica de Geuid Dib Jardim. 2. ed. São Paulo: Editora WMF Martins Fontes, 2009.

79 Ibid.

80 G. K. Chesterton. Disponível em: https://www.sociedadechestertonbrasil.org/chesterton-no-seculo-xxi/ Acesso 12 nov. 2022.

81 LEWIS, C. S. Cartas de um Diabo a seu Aprendiz. Tradução de Juliana Lemos; revisão da tradução de Frederico Ozanam Pessoa de Barros; revisão técnica de Geuid Dib Jardim. 2. ed. São Paulo: Editora WMF Martins Fontes, 2009.

82 LEWIS. C. S. Cristianismo Puro e Simples. Tradução de Álvaro Oppermann e Marcelo Brandão Cipolia; revisão de tradução de Luiz Gonzaga de Carvalho Neto e Marcelo Brandão Cipolla; revisão técnica de Ornar de Souza. São Paulo: Editora Martins Fontes, 2005.

83 CHESTERTON, Gilbert K. Ortodoxia. Tradução de Almiro Pisetta. São Paulo: Mundo Cristão, 2008.

84 Ibid.